쉽고
편안하게
고수익 내는

퀀트 &
커버드 콜
전략

쉽고
편안하게
고수익 내는

QUANT
COVERED
-CALL

퀀트 & 커버드 콜 전략

조재상·최우혁 지음

매일경제신문사

들어가며

    저희 아버지께서는 증권사에서 일하셨습니다. 그 영향을 받아 저도 어릴 때부터 주식 투자에 관심이 많았습니다. 집에는 투자 관련 책이 많이 있었고, 아버지께서도 관련 이야기를 많이 해주셨습니다. 특히 아버지의 지인이나 고객들의 성공담과 실패담을 자주 이야기해 주시곤 하셨습니다.

    제가 고등학교를 다닐 때, 아버지께서는 매일 컴퓨터로 주식차트를 보셨습니다. 당시에는 주식차트를 보는 프로그램이 자동으로 데이터가 업데이트되지 않았습니다. 매일 인터넷에 접속해서 파일을 다운받아야 했죠. 컴퓨터에 익숙하지 않은 아버지께서 제게 그 일을 맡기셨고, 저는 매일 주식차트를 업데이트했습니다. 그리고 아버지께서 차트를 분석할 때 지켜보곤 했습니다. 아버지께서는 매일 전 종목을 돌려 보셨는데, 종목코드를 부르시면 제가 받아적었습니다. 지금 생각해보면 골든크로스와 눌림목종목을 찾았던 것 같습니다.

이후 대학을 다닐 때 홈트레이딩시스템(Home Trading System, 줄여서 HTS)이 보급되면서 투자 대회가 생겨났습니다. 저도 대학생 투자 대회에 나가서 상이나 상금을 받기도 했습니다. 거기서 만났던 선후배들 중에는 큰돈을 번 사람도 많았습니다.

그때는 코스닥이 폭등했던 시기였습니다. 여러 모임에 나가서 기법을 연구했었는데, 데이트레이딩을 하던 또래의 대학생들 중에서 수억 원을 번 사람도 꽤 있었습니다. 수십억 원을 번 선배도 몇 명이나 있었지만, 저는 벌고 잃기를 반복했습니다.

아마도 저는 데이트레이딩으로 성공한 사람들이 말하는 감, 그 동물적 감각이 없었던 것 같습니다. 남들은 호가의 움직임만 보면 외국인이 사는지, 세력이 사는지를 알 수 있다고 했지만, 저는 아무리 봐도 알 수가 없었습니다. 배짱도 없었습니다. 몇 번을 잃어도 한 번에 크게 벌어서 잔고가 늘어나는 사람도 있었지만, 저는 두어 번 연속 손실이 나면 위축돼서 다시 매매하지 못했습니다. 옆자리에서 앉아서 같은 종목을 매매해도 친구는 수익이 나고, 저는 손실을 입은 적도 있었습니다. 스스로 전업 투자자로서 자질이 없다고 판단하기에 이르렀죠.

분명 투자나 매매에 타고난 능력을 가진 사람이 있고, 그 능력이 없는 사람도 있다고 생각했습니다. 정말 일부만 타고난 능력을 갖췄고, 그것은 연습한다고 얻을 수 있는 게 아니라고 생각했습니다. 그러다 저같이 평범한 사람은 타고난 능력을 가진 사람과는 다른 방법으로 수익을 내야 한다는 결론에 이르렀습니다.

그때 저는 스스로 왜 실패를 했는지, 아버지와 아버지의 지인들은 왜 실패를 했는지, 성공한 선배들은 무엇이 다른지에 대해서 생각하며 정리했습니다. 그리고 그 생각을 논문으로 작성했습니다. 매일 경제신문사에서 주최하는 대학생 경제 논문 대회에 〈일반투자자의 리스크 관리와 투자성과분석〉이란 논문을 제출해 상도 받았습니다. 제가 관심 가진 것은 '특별한 능력이 있는 사람들이 돈을 어떻게 버느냐'가 아니라, '평범한 내가 어떻게 돈을 벌 수 있느냐'였습니다.

그 논문을 썼던 것이 계기가 돼 대학원에서 금융이론을 공부했습니다. 사실 대학원에서 공부하기 전에 수없이 많은 매매를 했지만, 지금 생각해보면 주먹구구식의 투자 전략을 취했습니다. 이후 분산투자나 자금관리에 대해서 연구하면서 다시 투자에 자신감이 생겼고, 증권사에 입사했습니다.

증권사에서 많은 고객을 만났습니다. 고객들은 투자에 관한 지식이 높았습니다. 증권방송이 인기를 끌었고, 많은 사람이 적립식 펀드를 가입하면서 투자에 대한 관심도 역시 높아졌습니다. 인터넷에서는 전문적인 투자 전략도 쉽게 접하게 됐고, 사람들의 성공담 역시 가득했습니다. 과거에는 높은 수준의 투자 지식이었던 것이 누구나 아는 상식이 된 것입니다.

제가 만난 고객들 역시 대부분 주식 투자에 관해서 많은 공부를 했습니다. 하지만 고객들의 투자는 수익보다 손실이 더 많았습니다. 고객들과 이야기를 해보면 관련 지식은 정말 많이 가지고 계셨습니다. 차트만 보면서 매매를 하던 과거와 달리 종목을 연구해서 가치 투자를 하는 분들도 계셨고, 기업탐방을 가는 고객도 있었습니다. 자산배분과 포트폴리오로 투자 전략도 만들기도 했습니다. 이렇게 열심히 공부하고 노력했지만, 손실이 난 계좌가 더 많았습니다.

처음에는 심리적인 문제라고 생각했습니다. 많은 정보를 알고 있는 고객들이 아는 대로 행동하지 않는 것은 본능 때문이고, 본능을 극복해야 한다고 생각했습니다. 하지만 행동경제학을 알게 되고 하나씩 배워가니 생각이 바뀌었습니다. 우리의 본능을 극복하는 것이 아니라 투자 전략을 본능에 맞게 만드는 것이 올바른 방법이라 판단했습니다. 수익이 높은 투자 전략을 찾은 후에 마음을 단단히 먹고 투자를 하는 것이 아니라, 마음 편하게 투자할 수 있는 투자 전략 중에 수익이 높은 방법을 찾는 게 올바른 방법이었습니다.

저는 회사를 다니면서 한 번 더 대학원을 다녔는데, 이 기간에 시스템트레이딩을 공부하면서 수많은 투자 전략으로 시뮬레이션해봤습니다. 여러 데이터로 테스트를 해보면서 수익률이 높은 전략이 실제로 투자하기에는 부적절하다는 사실을 알게 됐습니다. 만약 수익이 높은 전략은 손익의 변동성이 커지고, 손익의 변동성이 크다면 대부분 손실이 났을 때 견디지 못하고 포지션을 청산하기 때문입니다.

또 전략을 연구하고, 시뮬레이션을 하면서 투자를 지속할 수 있는 심리와 투자를 포기하게 만드는 심리가 사실은 손익의 변동성에서 시작된다는 것도 알게 됐습니다. 학교에서는 표준편차라고 배웠던 것들이었습니다.

스스로 대학생 때부터 생각했던 '평범한 우리가 수익 낼 수 있는 전략', '누구나 도중에 포기하지 않는 전략'이란, 손익의 변동성이 낮은 전략이었습니다. 손익의 변동성이 낮은 전략을 만들어야 장기 투자가 가능하고, 그래야 높은 수익을 얻을 수 있다는 것을 많은 시뮬레이션을 통해 확신했습니다.

그래서 손익의 변동성을 낮추기 위한 전략을 연구했더니 이번엔 수익률에서 만족할 만한 결과가 나오지 않았습니다. 사실 손익의 변동성이 커야 수익도 컸던 것이죠. 결국 한 전략으로 만족할 수 없다 보니 서로 보완관계에 있는 전략 두세 가지를 합치는 게 유리하다고 판단했습니다. 상호보완관계에 있는 전략을 합치면, 수익률도 높이면서 손익의 변동성을 낮출 수 있었습니다.

그리고 이 책에 손익의 변동성을 낮춰서 누구나 수익을 낼 수 있게 하는 바로 그 방법을 담았습니다.

처음 1부에서는 손익의 변동성을 낮춰야 하는 이유를 설명했습니다. 2부는 퀀트를 이용한 주식 투자 방법에 대해서, 3부는 퀀트 전략과 선물매도 전략을 이용한 롱숏 전략에 대해서 설명했습니다. 이어 4부는 퀀트 전략과 콜옵션매도를 이용한 커버드 콜 전략, 마지막 5부는 합성옵션 전략에 대해서 이야기했습니다.

퀀트를 이용한 주식 투자 방법은 아주 좋은 성과를 내지만, 주식 투자만으로는 손익의 변동성을 낮출 수 없기 때문에 퀀트와 손익이 보완관계에 있는 선물과 옵션을 이용한 전략을 논한 것이죠.

이 방법을 이용한다면 누구나 손익의 변동이 낮아서 투자를 하는 동안 스트레스를 받지 않고 편안하게 장기 투자할 수 있을 것입니다.

끝으로 이 책을 쓰는 데 끝없는 도움을 주신 아버님께 감사드립니다. 또 저술 과정을 응원해준 아내 강혜경과 아들 문호에게 고맙고 사랑한다는 말을 전하고 싶습니다. 다양한 이론을 알려주시고, 도와주신 최홍식, 김선웅, 한봉수 교수님과 이베스트증권의 안찬희 선배님, 많은 시뮬레이션을 같이해준 한국금융IT의 하성창, FM소프트의 이상준, 국민대학교 시스템트레이딩연구소 윤건우, 이혜지 님에게도 감사하다는 말을 꼭 전하고 싶습니다.

그럼 이 책을 읽는 여러분께서 투자에 꼭 성공하시길 기원합니다.

조재상 올림

목 차

들어가며 4

 1부 손익의 변동성

1. 13년 동안 2,700%의 수익을 낸 펀드는 성공인가, 실패인가 16

2. 큰 수익 = 좋은 투자 방법 × 오랜 투자 기간 21

TIP BOX 앙드레 코스톨라니

3. 손실에 민감한 우리의 본능, 행동경제학으로 바라보면 25

TIP BOX 손실회피 경향

4. 은행 예금잔고와 주식 계좌잔고의 변화 29

5. 고통은 변동성에서 시작된다 32

6. 변동성을 낮추는 절대수익 추구 전략 35

7. 변동성이 낮은 투자는 타이밍이 중요하지 않다 39

8. 손익의 변동성과 복리 수익률 43

9. 수익을 위해서 고통을 견딜까, 고통을 피할까 47

10. 변동성을 낮추는 상호보완 전략 49

EPISODE 손익의 변동성을 낮추는 것이 큰 수익의 시작입니다

2부 주식 투자는 퀀트 전략으로

1. 좋은 투자 전략의 조건 56
2. 퀀트란 무엇인가 59
    EPISODE 대박과 쪽박의 정성적 분석
    TIP BOX 용어 정리
    TIP BOX 이익을 많이 내고, 주가가 싼 기업을 골라라
3. 퀀트를 응용한 방법 93
4. 퀀트의 단점과 보완책 95

3부 롱숏 전략

1. 롱숏 전략이란 104
2. 상품선물 롱숏 전략의 예 106
3. 주식 롱숏 전략의 예 111
4. 업종과 시장 롱숏 전략의 예 113
5. 롱숏 전략을 하는 이유 121
6. 롱숏 전략의 장단점 123
    EPISODE 증권맨에게 듣는 주식 롱숏 자문사 이야기 : 주식 공매도와 주식 롱숏 전략
7. 파생상품 알아보기 : 선물매도 128
    TIP BOX KOSPI200선물매도의 의미
8. 롱숏 전략을 만들기 위해 필요한 조건 131
    EPISODE 거래소와 코스닥 롱숏 전략이 안 되는 이유

9. 퀀트 랭킹시스템 선물 롱숏을 만드는 방법 136

TIP BOX 롱숏 전략의 응용

10. 퀀트 롱숏 전략 테스트해보기 145

11. 퀀트 롱숏 전략 결과분석 148

4부 커버드 콜옵션 전략

1. 커버드 콜옵션 전략이란 152

2. 옵션이란 무엇인가 156

3. 콜옵션에 대해서 168

4. 어떤 콜옵션을 매도해야 하는가 171

5. 언제 콜옵션을 매도해야 하는가 176

EPISODE 옵션 만기일 알아보기

6. 커버드 콜옵션 전략에 대해서 179

TIP BOX 수익 그래프 보는 법

7. 커버드 콜옵션 전략 한 달 치 테스트 183

8. 롱숏 전략과 커버드 콜옵션 전략 비교 185

9. 커버드 콜옵션 전략 테스트 190

TIP BOX 등가격 구하는 법

10. 커버드 콜옵션 전략 응용법 200

TIP BOX 증거금

5부 합성옵션 전략

1. 합성옵션은 어떤 전략인가 206

2. 합성옵션 투자를 하는 이유와 장단점 208

3. 합성옵션 전략을 하기 위한 배경지식 212

4. 매매 경험 증가를 통해 변하는 합성옵션 전략 216

5. 목표수익 226

6. 합성옵션 전략 테스트 228

EPISODE 고객과의 일화

나오며 232

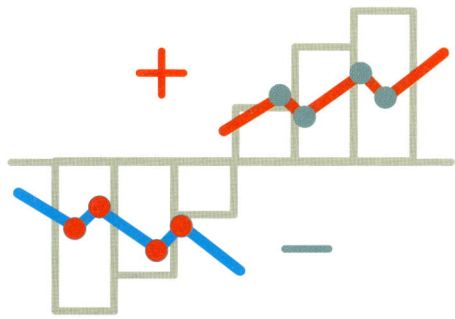

QUANT STOCK

1부

손익의 변동성

1.
13년 동안 2,700%의 수익을 낸 펀드는 성공인가, 실패인가

피터 린치라는 걸출한 펀드매니저가 있었습니다. 피터 린치는 마젤란펀드를 운용했습니다. 그는 1977~1990년까지 13년간 마젤란펀드를 운용해 2,704%(27배)의 수익을 냈습니다. 높은 수익이 아니라 경이적인 수익을 낸 것입니다. 1억 원을 맡겼는데 13년 뒤에 27억 원이 된 것이죠. 연평균 29.2%의 수익이었습니다.

물론 시장 분위기도 무척 좋았습니다. 그동안 S&P500지수(우리나라 KOSPI200지수와 비슷함)는 2.6배 상승했습니다.

수익률 차트를 보면 너무나 부럽습니다.

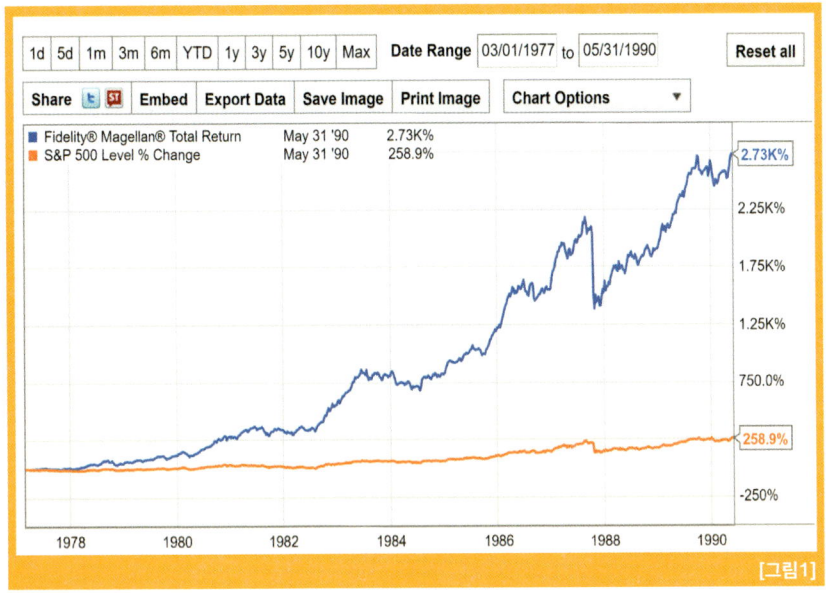

[그림1]

End Dec.	Magellan	S&P500	Spread
1977	14.5%	-11.5%	26.0%
1978	31.7%	1.1%	30.6%
1979	51.7%	12.3%	39.4%
1980	69.9%	25.8%	44.1%
1981	16.5%	-9.7%	26.2%
1982	48.1%	14.8%	33.3%
1983	38.6%	17.3%	21.3%
1984	2.0%	1.4%	0.6%
1985	43.1%	26.3%	16.8%
1986	23.7%	14.6%	9.1%
1987	1.0%	2.0%	-1.0%
1988	22.8%	12.4%	10.4%
1989	34.6	27.3%	7.3%
1990	-4.5%	-6.6%	-2.0%
Average Spread			18.7%

[표1]

피터 린치의 아버지는 46세라는 젊은 나이에 암으로 돌아가셨습니다. 그의 형도 40대에 암으로 세상을 떠났습니다. 그 영향인지 그는 아버지가 돌아가셨던 나이인 46세에 가족과 시간을 더 보내겠다며 은퇴했습니다. 당시 피터 린치는 그야말로 월가의 영웅이었는데 말이죠.

피터 린치는 은퇴한 후에 자서전을 쓰려고 자료를 모았습니다. 그런데 자료를 보다가 깜짝 놀랄 수밖에 없었습니다. 자기가 운용한 마젤란펀드에 투자했던 고객들을 분석했는데, 수익이 난 사람보다 손실이 난 사람이 더 많았기 때문입니다. 13년간 2,704%의 수익률, 연평균 29.2%의 수익률을 기록해 연간으로 보면 손실이 난 적이 없는 펀드였습니다. 그동안 주식시장의 분위기도 좋았는데 수익 난 사람보다 손실 난 사람이 더 많았다니 믿기지가 않았습니다. 그래서 그 이유를 분석해봤습니다. 반 이상의 사람들이 시장이 고점일 때 펀드에 가입했고, 시장이 하락하면 다들 불안해서 손실을 감수하고서라도 해지했던 것이었습니다.

이 일화는 펀드를 팔면서 장기 투자를 권유할 때 많이 사용하는 예입니다. 저도 강의할 때 많이 이야기했습니다. 사람의 본능은 시장이 오르고 수익이 나면 투자하게 만들고, 시장이 하락하면서 손실이 나면 매도하도록 만듭니다. 이런 본능을 이기고 장기 투자를 해야 수익을 낼 수 있다고 강조해왔습니다.

그러던 어느 날, 제 강의의 청중 한 분이 저에게 질문을 했습니다.

"그럼 마젤란펀드는 성공한 펀드입니까, 실패한 펀드입니까?"

저는 그 질문을 받기 전까지 마젤란펀드가 실패했다고 생각해본 적이 없었습니다. 이런 좋은 성적을 내는 펀드는 다시 나오기 힘들기 때문입니다. 저는 당연히 펀드에 투자한 사람이 장기 투자를 하지 않아서 실패한 것이라고 생각했습니다. 즉 투자의 실패는 투자자의 실패지, 펀드 운영자의 실패라고 생각해보지 않았습니다.

하지만 질문하신 분의 취지는 투자자의 절반 이상이 손실을 봤는데, 어떻게 이 펀드가 좋은 펀드냐는 데 있었습니다. 즉 저는 생산자의 마인드였고, 질문하신 분은 소비자의 마인드였습니다. 저는 '좋은 상품을 제대로 이용하지 못한 소비자의 잘못'이라고 생각하는 생산자였고, 그분은 '반 이상의 소비자가 손실 나는 상품을 만든 생산자의 잘못'이라고 생각하는 소비자였습니다.

평상시라면 "그러니까 장기 투자를 하셔야죠"라고 대답을 했겠지만, 그렇게 물으니 쉽게 대답을 할 수 없었습니다. 그 질문을 받고 난 뒤로는 펀드를 권유하면서 자괴감이 들었습니다. 펀드를 가입하는 두 분 중 한 분은 손실을 견디지 못하고 도중에 포기할 것이라는 생각이 들었기 때문입니다.

결국 높은 수익을 냈던 마젤란펀드도 수익이 난 50%가 안 되는 고객에게는 좋은 펀드였겠지만, 손실을 입은 50%가 넘는 고객에게는 나쁜 펀드였습니다. 누가 뭐라고 해도 투자한 사람들 대부분이 '실제로' 수익을 가져갈 수 있는 펀드가 좋은 펀드일 것입니다.

저는 그 뒤로 투자자 대부분이 실제로 수익을 낼 수 있는 방법에 대해서 연구하게 됐습니다. 그럼 어떻게 하면 투자한 사람들 대부분이 수익을 낼 수 있을까요? 그 방법을 이제부터 이야기하겠습니다.

==펀드의 수익률이 높다고 고객들이 수익을 내는 것은 아닙니다. 고객들이 투자하는 동안 마음이 편안해야 오랫동안 투자해서 수익을 낼 수 있습니다. 수익은 나지만 그 과정이 불안하면 대부분은 손실을 입고 청산합니다.==

2.

큰 수익 =
좋은 투자 방법 × 오랜 투자 기간

앙드레 코스톨라니가가 재미있는 말을 했습니다.

"수익을 내려면 우량주를 산 후, 약국에서 수면제를 사서 먹고 몇 년 뒤에 일어나라. 그러면 부자가 돼 있을 것이다."

사람들 대부분이 공감하는 '주식 투자로 성공하는 방법'은 우량주를 사서 장기 투자하는 것입니다. 좀 더 풀어서 이야기하면 '수익이 나는 좋은 방법'으로 투자하되, '오랫동안 반복적'으로 투자하는 것입니다. 이렇게 투자하면 대부분 큰 수익을 낼 수 있습니다.

공식으로 보면 아래와 같습니다.

> 큰 수익 = 좋은 투자 방법 × 오랜 투자 기간

사람들은 수익이 나는 좋은 방법을 찾기 위해서 열심히 연구합니다. 하지만 오랫동안 반복적으로 투자하는 것에 대해서는 연구하지 않습니다. 왜냐하면 장기 투자는 쉽다고 생각하기 때문입니다.

마치 전쟁을 할 때 상대방과 싸우는 전투는 어렵다고 생각하지만, 무기와 식량을 운반하는 보급은 쉽다고 여기는 것과 다름없습니다. 하지만 역사적으로 보면 많은 전쟁이 보급 때문에 승패가 갈렸습니다. '보급'은 쉽고 간단한 일 같지만, 아주 중요한 일입니다.

사람들 대부분은 수익이 나는 좋은 방법만 연구하면서도 실전에서는 계속 실패합니다. 아무리 좋은 방법이라도 항상 수익을 낼 수는 없습니다. 그러나 침체기를 겪는 동안 투자자들은 더 기다리지 못하고 포기합니다. 그러니 결국 손실이 나거나 수익이 크게 줄어든 후에 투자를 끝내게 되는 것이죠.

저는 증권사에서 많은 고객을 만나면서 고객들의 투자 전략과 지금까지의 투자 성과에 대해서 많은 이야기를 들었습니다. 그들의 이야기를 들으면서 같이 복기하거나 테스트를 해보기도 했죠.

고객들은 저마다 좋은 전략을 가지고 있었지만, 실제로는 손실을 보는 경우가 많았습니다. 저는 고객들의 손실을 보면서 좋은 투자 전략을 연구하는 것에서 장기 투자를 잘 할 수 있는 방법으로 연구방향을 바꿨습니다. 장기 투자를 최우선으로 생각하니 기존의 '좋은' 투자 방법이 잘못됐다는 사실을 깨달았습니다.

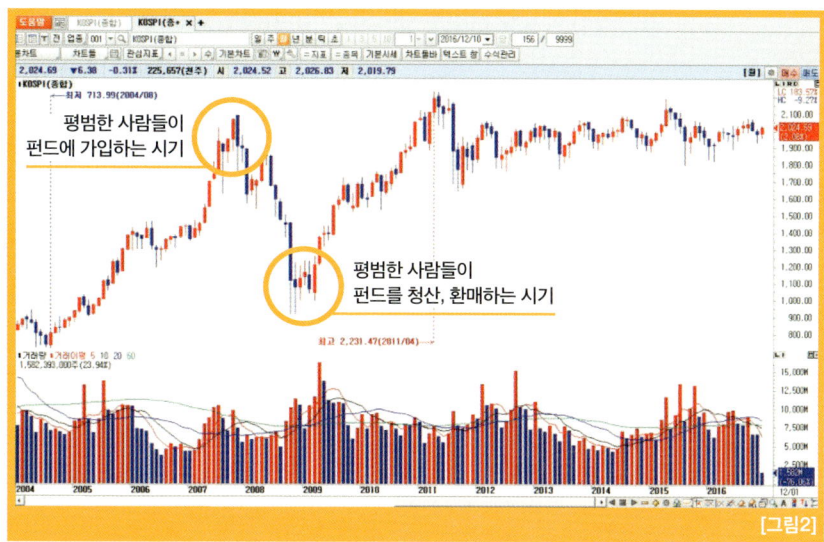

[그림2]

　　우리가 생각했던 높은 수익을 내던 방법들은 오랫동안 반복적으로 할 수 없는 경우가 많았습니다. 지금까지 우리는 그것을 모르고 단지 수익을 많이 내는 투자법이 좋은 방법이라고 알고 있었습니다. 그 방법으로 투자하다가 결국은 손실을 보고 실패에 이르게 된 것입니다.

　　수익을 내려면 오랫동안 투자할 수 있는 방법 중에서 수익이 나는 방법을 찾아야 합니다. 그렇게 하면 시간이 흐를수록 수익은 점점 커질 것입니다.

TIP BOX 앙드레 코스톨라니

앙드레 코스톨라니는 《돈, 뜨겁게 사랑하고 차갑게 다루어라》에서 이런 말을 했습니다.

"정직하게 말하라면, 난 여러분에게 장기 투자를 권하고 싶다. 장기 투자는 모든 주식 거래 중 최고의 결과를 낳는 방법이다. 단기 투자자가 성공할 확률은 극히 낮다." | 앙드레 코스톨라니, 김재경 역, 《돈, 뜨겁게 사랑하고 차갑게 다루어라》, 미래의창, 2015 |

그는 여러 가지 재미있는 말을 했는데, 그중 하나가 앞에 나온 우량주와 수면제입니다. 그 정도로 강력하게 장기 투자를 주장한 것이죠.

앙드레 코스톨라니는

1906년 헝가리에서 태어나 학창시절 철학 공부를 했다. 음악에 관심이 많았던 그의 원래 꿈은 예술 비평가였다. 그러나 프랑스에서 처음 주식을 접하면서 인생의 방향을 선회했다. 1933년에 투기로 큰 손실을 보고 파산상태에 놓인 것이다. 이때부터 그는 약세장 투자가에서 강세장 투자가로 투자 행로를 바꿨다. 1940년에는 거주하고 있던 프랑스가 나치 독일에 의해 점령당하자 스페인을 거쳐 미국으로 망명했다. 1941년부터 9년여 동안 미국에 거주하며 투자 회사의 주요 주주이자 관리자로 활동하다, 1951년 전쟁이 끝난 후 다시 유럽으로 돌아왔다. 프랑스에서 명예기사 훈장을 받은 이후 1960년부터 미국과 프랑스의 유수 경제 잡지에 투자 관련 글을 쓰며 저널리스트로 활동했다. 1974년에는 주식 투자 교육 과정을 개설해 증권 강좌의 교수가 됐다.

지난 1999년 93세로 세상을 떠날 때까지 단 한 번도 투자의 세계를 떠나지 않고 평생을 투자가로 살았던 그는 미국의 주식 투자 달인 워런 버핏과 자주 비견되는 인물로, 비영미권 국가 출신 투자자 가운데 가장 유명한 사람 중 하나다.

손실에 민감한 우리의 본능, 행동경제학으로 바라보면

경제학에서는 인간은 합리적이라고 가정합니다. 그래서 합리적인 선택을 한다고 생각합니다. 하지만 심리학에서는 인간이 비합리적이라고 생각합니다. 그리고 왜 비합리적으로 행동할까를 연구합니다. 두 학문의 기본 가정이 완전히 상반되는 것이죠. 그런데 어느 순간, 인간의 행동을 분석하던 심리학자들이 인간의 경제행동까지 분석하게 됐습니다. 그리고 이들이 경제학 분야에 진출을 하면서 새로운 사실들을 발견했습니다.

그 결과, 심리학자가 2002년 노벨경제학상을 타게 됩니다. 급기야 심리학자들이 경제학의 새로운 분야를 만들었는데, 이를 행동경제학이라고 합니다. 행동경제학자들은 실험을 통해 경제학을 연구하면서 여러 가지 현상들을 밝혀냈습니다.

행동경제학에서는 사람이 손실에 민감하다는 것을 알아냈습니다. 일반적으로 사람들은 이익보다 손실에 2배 이상 민감하게 반응한다고 합니다. 즉 1만 원의 손실을 보는 것과 2만 5,000원의 이익을 보는 것에서 비슷한 크기의 감정을 느낀다고 합니다.

우리는 손실에 대해서 스스로 얼마나 큰 스트레스를 받는지 잘 모릅니다. 20%의 손실을 입으면 머릿속으로는 20%의 손실이니 복구할 수 있다고 생각하지만, 가슴속에서는 반 토막 난 것만큼의 스트레스를 받게 됩니다. 만약 40%의 손실을 본다면 우리는 파산한 것과 비슷한 느낌을 받을 수도 있습니다.

우리가 머릿속으로 10% 정도의 손실은 견딜 수 있겠다고 하더라도 실제로 10%의 손실을 보면 감정은 25%의 손실로 받아들입니다. 그래서 우리는 감정적으로 생각이나 계획과는 상관없이 주식과 펀드를 청산하게 됩니다.

어떤 고객은 이런 말을 했습니다.

"손실 난 펀드를 들고 있는 게 불에 뜨겁게 달궈진 쇳덩어리를 들고 있는 것처럼 고통스러웠다."

우리는 손실을 당하면 생각보다 훨씬 큰 고통과 공포의 감정을 느낀다는 사실을 기억하고 투자 전략을 짜야 합니다.

TIP BOX 손실회피 경향

1. 만약 당신에게 다음 두 가지 제안을 한다면 어떤 것을 선택하시겠습니까?

A. 조건 없이 100% 확률로 50만 원을 받는다.

B. 50% 확률의 게임을 해 이긴다면 100만 원을 받는다.

2. 또 다시 아래의 제안을 한다면 이번에 당신의 선택은?

A. 조건 없이 100% 확률로 50만 원을 잃는다.

B. 50% 확률의 게임을 해 진다면 100만 원을 잃는다.

만약 당신이라면 어떤 선택을 하시겠습니까?

이 실험 결과는 1번의 질문에는 80% 이상의 사람이 A를 택했고, 2번 질문에는 70% 정도가 B를 택했다고 합니다. 첫 번째 실험에서 대부분 A를 택했다면 두 번째 질문에서도 일관성 있게 A를 선택하는 것이 일반적일 텐데, 왜 많은 사람이 B를 선택했을까요?

일반적으로 사람들은 자신에게 이득이 되는 경우에는 조그만 이득이라도 불확실성이 없어지길 원합니다. 반대로 두 번째 질문처럼 자신이 손해를 보는 경우, 확실한 손해보다는 조금이라도 손해가 줄어들 수 있는 불확실성에 기대합니다.

심리학자 대니얼 카너먼과 아모스 트버스키는 이러한 연구를 바탕으로 '인간은 합리적으로 사고하는 존재'라는 주류경제학 기본명제를 뒤엎고 '사람들은 확실한 이익을 보장받길 원하면서도 손해는 불확실성에 의지하는 경향이 있다'는 사실을 밝혀냈습니다. 이른바 '손실회피 경향(Loss aversion)'입니다.

손실회피 경향의 원인 중 하나는 '보유 효과' 때문입니다. 우리가 자주 쓰는 속담 중 '남의 떡이 더 커 보인다'는 것과는 반대죠. 자신이 보유한 것이 타인이 보유한 것보다 더욱 가치 있다고 생각하기 때문에, 남의 것으로 이익을 얻는 행복보다 자신의 것을 잃는 불행에 약 2.5배 민감하게 반응한다고 합니다. 즉 1만 원의 손실을 보는 것과 2만 5,000원의 이익을 보는 것에서 비슷한 크기의 감정을 느낀다는 이야기입니다.

은행 예금잔고와 주식 계좌잔고의 변화

은행에 예금하면 잔고는 날마다 천천히 늘어납니다. 예금을 해지할 때가 예금잔고가 가장 많을 때이며, 예금잔고는 줄어드는 법이 없습니다. 그래서 은행에 예금할 때는 괴로움이 없습니다.

하지만 주식 투자나 펀드 투자는 예금과 다릅니다. 주식 투자를 할 때는 잔고가 예금처럼 매일 조금씩 늘어나지 않습니다. 수익이 날 때는 잔고가 늘어나고, 손실이 날 때는 잔고가 줄어듭니다. 시장이 급등하거나 급락하면 되면 잔고의 변화속도도 빨라집니다.

잔고의 빠른 변동은 '고통'입니다. 손실이 났을 때는 손실에 대한 두려움으로 고통스럽고, 수익이 났을 때는 수익이 줄어들까 봐 고통스럽습니다. 행동경제학에서 이야기했듯이 손실의 고통은 수익의 즐거움보다 2배 이상 큽니다. 따라서 10% 수익이 났다가 10% 손실이 났다면, 잔고가 그대로라도 상당히 큰 손실을 입은 것처럼 느끼게 됩니다.

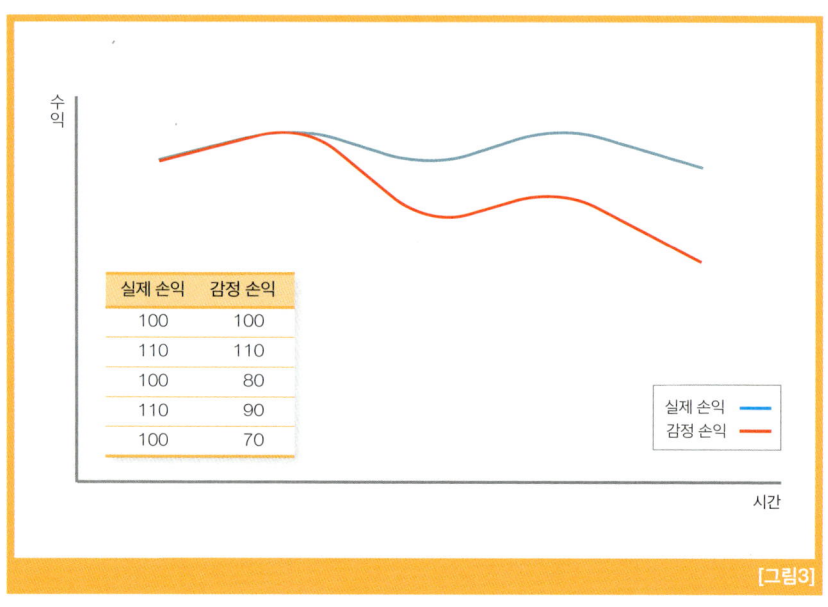

[그림3]

그렇다고 수익이 급하게 날 때 즐거움만 오는 것은 아닙니다. 걱정도 함께 옵니다. 우리는 그동안 주식이 급격하게 비상식적으로 상승할 경우 다시 크게 하락하며 조정받는 것을 많이 봐왔습니다. 그래서 급한 상승 후에는 다시 급한 하락을 걱정합니다. 사람은 수익의 기쁨보다 손실의 고통을 더 크게 느끼기 때문에 급한 상승을 불안해합니다. 매도 타이밍을 놓치면 수익이 크게 줄어들고 고통스럽기 때문에 적당한 수익이 나면 빨리 팔고 싶어 합니다.

주식을 매수해서 보유하다가 매도하면 투자의 한 사이클이 끝납니다. 하지만 투자의 한 사이클이 끝났을 때, 주식계좌의 잔고는 최고점이 아닐 것입니다. 매도하기 전에 더 높은 수익을 냈다가 주식이 하락할 때 팔았다면 마음이 괴롭습니다. 또 내가 팔고 난 후에 더 올라가는 경우도 많은데 그럴 때도 역시 고통스럽습니다. 그래서 투자에 성공해서 돈을 벌더라도 "고통을 돈으로 바꿨다"는 이야기를 하게 됩니다.

==은행 계좌잔고는 매일 늘어나고, 청산시점에 가장 잔고가 많습니다. 주식 계좌잔고는 계속 변합니다. 수익이 나더라도 당장 내일 하락할 수 있어 늘 불안합니다. 또 청산시점에 잔고가 최고점이 아닐 가능성이 높습니다.==

5.
고통은 변동성에서 시작된다

　수익이 나는 방법으로 '오랫동안 반복적으로 투자'하는 걸 선택하면 큰 이익을 거둘 수 있습니다. 다만 투자하다 보면 손실구간이 있는데, 그때의 고통이 실제보다 더 크게 느껴지기 때문에 사람들은 도중에 포기를 하게 됩니다. 그래서 장기 투자가 어렵습니다.

　은행에 예금하면 우리는 어떠한 고통도 느끼지 않습니다. 은행예금은 손익의 변동성이 없기 때문입니다. 변동성이 없기 때문에 예금을 해지할 때가 예금잔고가 제일 많습니다. 언제 해지를 하더라도 최고의 순간에 해지하는 셈이죠.

　그런데 주식 투자는 예금과 다릅니다. 장기적으로는 수익이 날 것이라 믿고 주식에 투자합니다. 하지만 당장 잔고가 줄어들면 고통스럽고, 수익이 나더라도 언제든지 수익이 줄어들거나 손실로 전환될 수 있으므로 불안합니다.

특히 손익이 크게 움직이면 불안함이 커집니다. 손익 크게 변화한다는 말은 수익도 크게 날 수 있지만, 손실도 크게 날 수 있음을 의미한다는 사실을 알기 때문입니다. 수익보다 손실에 민감한 우리는 손익의 변동이 클수록 더욱 큰 스트레스를 받게 됩니다.

실제로 변동성이 클수록, 투자자 대부분이 손실이 가장 클 때 주식을 청산합니다. 그리고 주식 대부분은 저점에서 거래량이 크게 증가합니다. 개인이 견딜 수 없는 스트레스를 받을 때 주식을 청산하면 그때가 최악의 상황인 경우가 많습니다.

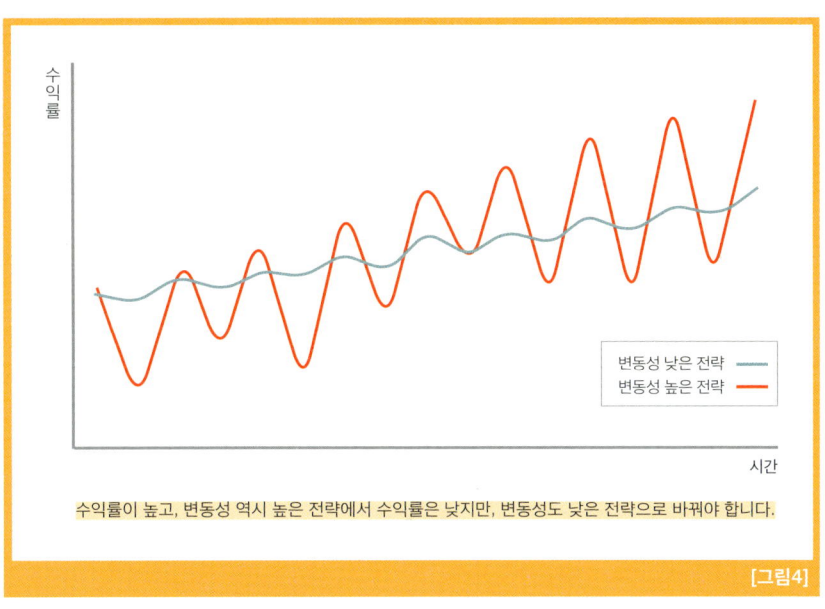

수익률이 높고, 변동성 역시 높은 전략에서 수익률은 낮지만, 변동성도 낮은 전략으로 바꿔야 합니다.

[그림4]

결국 장기 투자는 손익의 변동성에서 발생하는 고통을 견디는 방법을 찾거나 고통을 줄이는 방법을 찾아야 성공할 수 있습니다.

많은 사람이 너무나 쉽게 고통을 견딜 수 있다고 생각하지만, 제가 경험한 바로는 그 고통을 견딜 수 있는 사람은 거의 없습니다. 우리는 고통을 생각보다 훨씬 더 크게 느끼기 때문입니다. 그러니 우리는 변동성을 낮추는 방법을 꼭 찾아야 합니다.

6.

변동성을 낮추는
절대수익 추구 전략

    펀드나 금융상품을 평가할 때 상대수익이라는 개념을 씁니다. 기준인 BM(벤치마크지수)보다 얼마만큼 잘했는지를 알기 위해서입니다.

    시험을 본다고 가정해보겠습니다. 문제가 쉬워서 평균이 90점일 때, 70점을 맞으면 시험을 잘 못 본 것이고, 반대로 평균이 40점일 때, 70점을 받았으면 시험을 잘 본 것입니다. 이처럼 상대수익은 기준(평균)보다 '얼마만큼 잘했는가'의 개념으로 이해하면 됩니다.

    상대수익을 계산하기 위해서는 먼저 BM을 정합니다. 만약 주식펀드에 가입한다면 종합주가지수나 KOSPI200지수가 BM이 됩니다. 금에 관련된 펀드를 들면 금 가격이 BM이 되고, 중국펀드를 들면 상해지수가 BM이 됩니다.

그리고 펀드매니저가 펀드를 잘 운용했는지 BM과 비교합니다. 만약 우리가 A펀드를 가입했는데 A펀드가 40%의 수익을 올렸을 때 BM인 종합주가지수가 50% 상승했다면, A펀드 BM보다 10% 못한 펀드가 됩니다. 고객은 40%의 수익이 발생해서 크게 기쁘겠지만, A펀드를 운용한 펀드매니저는 BM보다 못했기 때문에 쫓겨날 수도 있습니다.

반대로 B펀드가 -30%의 손실이 났고, BM이 -40% 하락했다고 가정해보겠습니다. 고객 입장에서는 투자한 돈에서 30%나 손실이 나서 화가 나는데, 펀드매니저는 수익률이 BM 대비 10%나 높으므로 잘했다며 보너스를 받습니다. 고객 입장에는 답답한 노릇입니다.

일본처럼 20년 동안 계속 시장이 하락했을 경우를 예로 들어보겠습니다. 20년 동안 지수가 70%가 하락했습니다. 내가 가입한 펀드의 손실이 50%가 넘더라도 BM보다는 더 잘했으니까 만족할 수 있겠습니까? 어느 누구도 만족하지 않을 것입니다. 이것이 상대수익의 허점입니다.

BM과 수익을 비교하는 시스템에서는 BM과 비슷하게 운용할 수밖에 없습니다. 만약 BM이 크게 상승할 때 운용하는 펀드가 수익률을 쫓아가지 못하면 곤란해지기 때문입니다. 그래서 BM이 크게 하락하면 당연히 상대수익펀드는 큰 손실을 보게 됩니다. 운용하는 입장에서는 큰 손실이 나더라도 BM보다만 잘하면 됩니다.

사실 BM이라는 것은 고객 입장에서는 중요하지 않습니다. BM은

금융공급자의 마인드에서 나온 것입니다. 투자자들에게는 원금에서 얼마나 벌었는지가 더 중요합니다. 그래서 자산가들이 투자하는 헤지펀드 대부분이 절대수익을 추구합니다.

절대수익에는 BM이 없습니다. 굳이 절대수익의 BM이라고 말하자면 그것은 0입니다. 수익이 나면 BM보다 잘한 것이고, 손실이 나면 BM보다 못한 것입니다.

"BM이 없다, BM이 0이다"라고 말하는 의미는 주식시장이 크게 상승하거나 하락하는 것에 영향을 받지 않고 언제나 수익을 내는 전략을 사용한다는 뜻입니다. 종합주가지수가 2,000에서 1,000으로 하락해도 수익을 낸다는 뜻이죠. 물론 시장이 하락할 때도 수익을 내려면 주식에만 투자하는 방법은 맞지 않습니다. 여러 파생상품과 복잡하게 얽히고 설킨 전략을 사용해야 합니다.

물론 절대수익을 추구한다고 원금을 보장하는 것은 아닙니다. 절대수익펀드도 손실이 나기도 하죠. 하지만 손실이 나더라도 천천히, 점진적으로 나는 경우가 많습니다. 절대수익을 추구하면 손익의 변동성이 낮아지기 때문입니다. 수익도 천천히 발생하지만, 손실도 천천히 발생하는 것이죠. 그래서 투자자들을 편안하게 해줍니다. 증시가 폭락했다는 뉴스가 나오더라도 투자자의 불안감이 크지 않습니다.

그러니 절대수익을 추구하면 고통과 불안함으로 도중에 포기하지 않고, 오랫동안 투자할 수 있습니다. 물론 오래 투자한 만큼 수익도 크게 늘어나게 됩니다.

시장상황과 관계없이 언제나 수익을 내려는 전략이 절대수익 추구 전략입니다. 절대수익 추구 전략은 손익의 변동성도 낮아서 투자하는 동안 마음도 편안합니다. 그래서 자산가들은 절대수익을 추구하는 전략을 선호합니다.

7.

변동성이 낮은 투자는 타이밍이 중요하지 않다

주식 투자를 할 때는 타이밍이 아주 중요합니다. 차트를 연구하는 사람들은 거의 다 진입 타이밍과 청산 타이밍을 연구하고 있습니다. 타이밍이 중요한 이유는 수익에 지대한 영향을 끼치기 때문입니다.

다음에 나오는 '국내 투자 자산별 누적 수익률 비교 그래프'를 보겠습니다. 주식 투자가 예금 등 다른 금융상품보다 유리하다는 것을 주장하기 위해서 만든 그래프인데, 1982년부터 100만 원을 투자해서 2012년까지 30년을 가지고 있을 때, 투자 분야별로 얼만큼의 수익을 냈는지 나타냈습니다.

당연히 주식의 수익률이 가장 높습니다. 예금에 비하면 거의 3배에 달하는 높은 수익률을 보입니다.

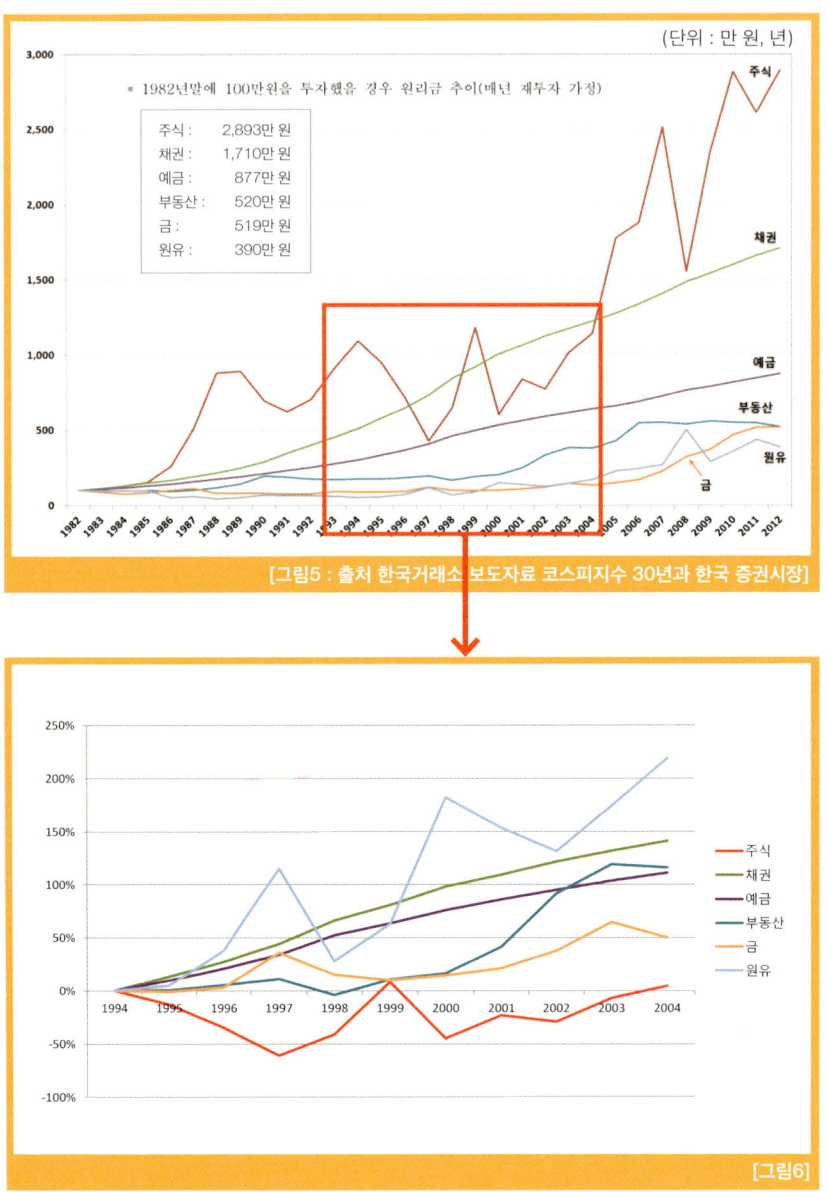

이번엔 같은 그래프의 구간을 나눠서 보겠습니다. 그래프의 빨간 박스입니다. 1994년에 주식을 사서 2004년에 팔았다면 10년 동안 수익률은 0%입니다. 만약 1997년에 주식을 사서 1999년에 팔았다면 2년 만에 100%의 수익을 낼 수도 있었습니다. 언제 매수해서 언제 청산하느냐에 따라서 수익률이 크게 변합니다. 이렇게 그래프를 구간으로 나눠서 보면 투자 기간이 길고 짧은 것은 수익률에 미치는 영향이 적습니다. 투자 기간보다 타이밍이 더 큰 영향을 미치는데, 이것은 변동성이 큰 상품의 특징입니다.

반면 예금이나 채권은 손익의 변동이 낮습니다. 언제 투자하고 해지하는가는 수익에 영향을 미치지 못합니다. 혹시 영향을 끼친다 해도 아주 작은 영향을 미칩니다. 중요한 것은 투자 기간입니다. 얼마나 오랫동안 투자하고 있느냐가 수익에 큰 영향을 미칩니다. 변동성이 낮은 상품은 투자 기간이 중요하고, 타이밍은 그다지 중요하지 않습니다.

우리가 변동성이 높은 상품(주식, 주식형펀드)에 투자를 할 때는 언제 투자를 시작해야 하는지 고민할 수밖에 없습니다. 또 언제 투자를 끝낼지도 고민할 수밖에 없습니다. 타이밍이 수익률에 제일 큰 영향을 미치기 때문입니다. 좋은 타이밍을 알아내기 위해서 많은 고민을 하며 스트레스를 받고, 그로 인해서 투자하지 못하고 주저하게 됩니다.

사람들이 주식시장이 상당히 오른 후에 투자를 본격적으로 시작할 때 분위기에 휩싸여 주식 투자를 하는 것도 타이밍에 대한 스트레스 때문입니다.

만약 변동성이 낮은 상품에 투자한다면 언제 투자를 시작할 지에 대한 고민을 덜 수 있습니다. 언제 투자하더라도 수익률의 차이는 크지 않기 때문입니다. 변동성이 낮은 상품들은 타이밍보다 투자 기간이 더 중요합니다. 즉 장기 투자의 효과는 변동성이 낮을수록 크다는 것입니다.

변동성이 클수록 타이밍이 수익에 큰 영향을 미칩니다. 하지만, 타이밍 중요할수록 스트레스도 커지고, 손실을 볼 가능성도 높아집니다. 일반적으로 타이밍이 중요한 전략은 소수의 전문가만 수익을 크게 내고, 일반인은 큰 손실을 보는 경우가 많습니다. 우리에게는 '타이밍이 중요하지 않은 전략'을 이용하는 게 유리합니다.

8.
손익의 변동성과 복리 수익률

최근 2년 동안 투자를 했는데 첫해에는 80% 수익을 냈지만 이듬해에는 50% 손실을 냈다면 평균 수익률은 얼마일까요?

$$(80\% - 50\%) ÷ 2 = 15\%$$

위 계산법처럼 평균 수익은 15%일까요? 아닙니다. 평균 수익은 -10%입니다.

예를 들어 100만 원으로 투자를 했다고 가정해보겠습니다.

> 첫해 100만 원 × 1.80 = 180만 원
>
> 이듬해 180만 원 × 0.5 = 90만 원

실제로 계산해보면 위 과정처럼 10% 손실임을 알 수 있습니다.

첫 번째가 산술평균으로 구한 것이고, 두 번째가 기하평균으로 구한 것입니다. 수익률을 구할 때는 기하평균으로 구해야 하지만 사람들은 직관적으로 산술평균이 맞다고 생각합니다.

그 이유는 기댓값 때문입니다. 산술평균과 기댓값이 같은 경우가 많기 때문에 사람들은 무의식적으로 산술평균으로 실제 수익률로 받아들입니다. 하지만 투자할 때, 특히 장기 투자할 때는 기하평균으로 구해야 정확합니다.

우리는 고등학교 수학시간에 산술평균과 기하평균을 배웠습니다. 그리고 기하평균은 경제성장률, 수익률 등을 계산할 때 쓴다고 배웠습니다.

예를 들어 보겠습니다. 4년간 매년 수익은 다르지만, 산술평균과 기댓값은 20%로 동일하다고 가정하겠습니다. 직관적으로 보면 모두 같은 수익을 낼 것 같지만, 실제로 복리로 계산해보면 수익률이 상당히 차이가 나는 걸 확인할 수 있습니다.

	산술평균	기하평균(복리수익률)	기하평균누적 수익률	100만 원 투자 시
1년	20.00%	20.00%	120.00%	120만 원
2년	20.00%	20.00%	144.00%	144만 원
3년	20.00%	20.00%	172.80%	173만 원
4년	20.00%	20.00%	207.36%	207만 원
평균	20.00%	20.00%		4년간 107만 원 수익

	산술평균	기하평균(복리수익률)	기하평균누적 수익률	100만 원 투자 시
1년	40.00%	40.00%	140.00%	140만 원
2년	0.00%	0.00%	140.00%	140만 원
3년	40.00%	40.00%	196.00%	196만 원
4년	0.00%	0.00%	196.00%	196만 원
평균	20.00%	18.30%		4년간 96만 원 수익

	산술평균	기하평균(복리수익률)	기하평균누적 수익률	100만 원 투자 시
1년	60.00%	60.00%	160.00%	160만 원
2년	-20.00%	-20.00%	128.00%	128만 원
3년	60.00%	60.00%	204.80%	205만 원
4년	-20.00%	-20.00%	163.84%	164만 원
평균	20.00%	13.10%		4년간 64만 원 수익

	산술평균	기하평균(복리수익률)	기하평균누적 수익률	100만 원 투자 시
1년	80.00%	80.00%	180.00%	180만 원
2년	-40.00%	-40.00%	108.00%	108만 원
3년	80.00%	80.00%	194.40%	194만 원
4년	-40.00%	-40.00%	116.64%	117만 원
평균	20.00%	3.90%		4년간 17만 원 수익

	산술평균	기하평균(복리수익률)	기하평균누적 수익률	100만 원 투자 시
1년	100.00%	100.00%	200.00%	200만 원
2년	-60.00%	-60.00%	80.00%	80만 원
3년	100.00%	100.00%	160.00%	160만 원
4년	-60.00%	-60.00%	64.00%	64만 원
평균	20.00%	-10.60%		4년간 36만 원 손실

[표 2-6]

결과를 보면 의외였을 것입니다. 보통 제가 강의할 때 직관적으로 판단해서 100만 원이 4년 뒤에 얼마가 돼 있을지를 적어보라고 합니다. 그리고 직접 계산기를 이용해서 구하면 청중 대부분이 깜짝 놀랍니다. 산술평균, 기댓값은 20%의 수익이지만, 복리수익률은 -10%일 수도 있다는 사실은 생각도 못한 것이죠.

표와 같이 매년 수익률의 차이가 나더라도 산술평균과 기댓값은 같습니다. 하지만 복리 수익률은 수익률 차이가 작을수록 좋고, 수익률의 차이가 클수록 나빠집니다.

이런 원리를 아는 자산가는 절대수익을 추구하고, 수익의 변동이 낮은 전략을 선호합니다. 장기 투자한다면 매년 수익률이 비슷비슷한 전략이 들쭉날쭉한 전략보다 더 좋은 수익을 냅니다.

수익의 변동성에 관심을 가져야 하는 이유는 투자하는 도중에 포기하게 되는 심리적 이유 때문만이 아닙니다. 장기 투자할 때 복리수익률에 큰 영향을 미치기 때문입니다.

==실제로 오랫동안 투자한다면 수익률이 들쭉날쭉한 전략보다 변동이 적은 전략이 더 높은 수익을 냅니다. 특히 손실이 크게 나면 복리수익률 역시 크게 나빠집니다. 그래서 경험 많은 투자자들은 손실을 보지 않으려는 절대수익 추구 전략을 선호합니다.==

9.
수익을 위해서 고통을 견딜까, 고통을 피할까

앞서 이야기한 것처럼 투자는 예금과 같이 매일 잔고가 늘어나지 않습니다. 잔고가 원금보다 줄어들 수도 있고, 수익을 냈다가 수익이 줄어드는 과정을 거치기도 합니다. 그런 과정에서 우리는 고통을 받습니다. 그리고 그 고통은 우리의 생각보다 훨씬 더 크게 느껴집니다.

그래서인지 예전부터 주식으로 돈 번 사람들의 이야기에는 고통을 견뎌냈다는 일화가 꼭 들어 있습니다. 괴롭고 힘든 시기를 신앙과 같은 믿음으로 버텨서 수익을 냈다는 이야기는 이미 많은 책에 나와 있습니다. 우리가 존경하는 앙드레 코스톨라니는 수면제를 먹으라는 말까지 했습니다. 그만큼 맨정신으로는 이 고통을 견디기 힘들다는 뜻이라고 생각합니다.

그런데 수익을 내려면 꼭 고통을 견뎌야만 할까요? 고통을 줄이거나 피하는 방법은 없을까요? 앞서 언급한 것처럼 고통은 손익의 변동에서 발생합니다. 그러니 손익의 변동을 줄이면 고통도 줄어듭니다.

우리는 지금까지 더 높은 수익을 내기 위해서만 연구했습니다. 손익의 변동은 투자자가 견뎌야 하는 것으로만 생각했습니다. 물론 손익의 변동을 견딜 수 있는 투자자는 많지 않다는 사실도 이미 알고 있습니다. 이제 우리는 수익을 내기 위해서 수익률이 높이는 전략을 연구하기보다는 손익의 변동성을 줄이는 방법을 먼저 연구해야 합니다. 또 고통을 참는 것보다는 줄이는 방법을 연구해야 합니다. 고통이 줄어들어야 오랫동안 투자할 수 있고, 큰 수익을 낼 수 있기 때문입니다.

"긴 병에 효자 없다"는 말이 있습니다. 고통이 길어지면 초심이 변하고, 처음의 계획대로 행동할 수 없습니다. 그 누구도 심한 고통을 참아가면서 장기 투자를 할 수는 없는 것이죠. 이제는 고통을 참지 말고 줄이는 투자법으로 바꿔야 큰 수익을 낼 수 있습니다.

변동성을 낮추는
상호보완 전략

    손익의 변동성을 줄이는 방법은 여러 가지가 있습니다. 보통은 손익의 변동성을 낮추기 위해 수익률을 낮추는 경우가 많습니다. 하지만 상호보완 전략은 수익률을 낮추지 않으면서 변동성을 낮출 수 있습니다.

    상호보완 전략이란 '2개 이상의 전략이 서로 약점을 보완해준다'는 뜻입니다. 예를 들어 설명하겠습니다. 햇빛이 쨍쨍 내리쬘 때는 짚신이 잘 팔리고 우산은 팔리지 않습니다. 반대로 비가 내릴 때는 짚신이 안 팔리고 우산만 팔립니다.

    짚신을 파는 가게는 당연히 해가 날 때만 수익이 나고 비가 올 때는 수익이 나지 않습니다. 그래서 가게를 반으로 나눠서 한쪽에서는 짚신을 팔고, 다른 한쪽에서는 우산을 팝니다. 그러면 해가 날 때는 짚신을 팔아서 수익을 내고, 비나 눈이 올 때는 우산을 팔아서 수익을 냅니다.

다만 짚신을 파는 장소는 반으로 줄어들어 해가 날 때 짚신의 판매수익 역시 반으로 줄어들 것입니다. 해가 날 때의 수익을 줄여서 비가 올 때의 수익으로 바꾼 셈입니다.

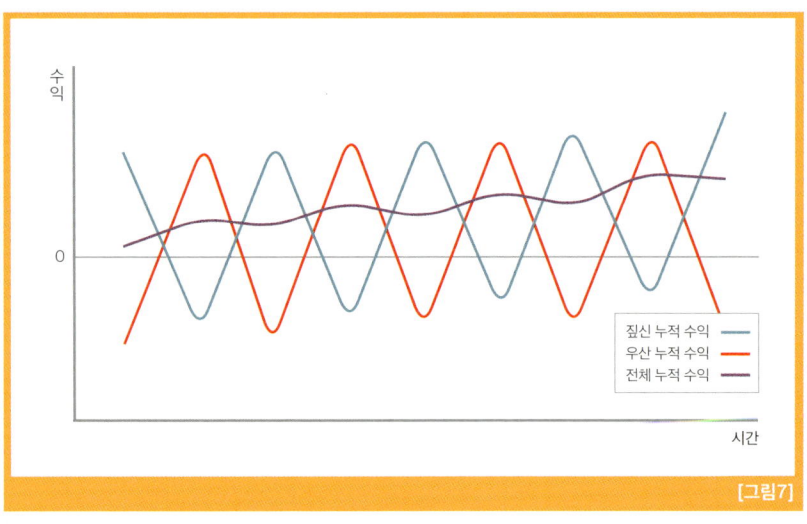

[그림7]

주식 투자에서도 상호보완 전략을 쓸 수 있습니다. 주식이 하락할 때 수익이 나는 금융상품을 찾으면 가능합니다. 이런 금융상품으로 선물매도와 콜옵션매도를 들 수 있습니다.

즉 주식을 매수하고 선물을 매도하면 짚신과 우산처럼 서로 상호보완작용을 하게 됩니다. 혹은 주식을 매수하고 콜옵션을 매도해도 상호보완작용을 합니다.

그럼 이제 어떻게 주식을 투자하면 누구나 수익을 낼 수 있는가 와 어떻게 선물이나 콜옵션을 매도해 상호보완 전략을 만드는지 알아보겠습니다.

==손익의 변동성 낮추는 방법 중에서 상호보완 전략은 상당히 좋은 좋은 전략입니다.==

==서로 수익구조가 다른 두 개의 전략으로 동시에 투자하면 한 전략에서 손실을 볼 때, 다른 전략에서는 수익을 내서 손실을 줄여줍니다. 그렇게 되면 두 전략을 합친 전체 계좌에서는 손실구간에서 손실이 줄어드는 효과를 얻을 수 있습니다.==

==물론 두 전략을 합친 전체계좌에서 수익이 나야 하는 것은 기본입니다.==

손익의 변동성을 낮추는 것이 큰 수익의 시작입니다

저는 증권사에 일하면서 많은 고객을 만났습니다. 특히 인터넷 카페에서 많은 분을 만났는데, 공부도 많이 하고, 전략을 연구하는 분이 많았습니다. 또 적극적으로 정보를 찾기 위해서 기업탐방을 자주 다니는 분도 계셨습니다. 그런 분들 중에는 자신의 자산을 운용하는 것을 직업으로 삼은 전업 투자자도 많았습니다.

전업 투자자나 적극적으로 매매하시는 분들과 이야기를 하다 보니 주식 투자로 성공해서 돈을 벌면, 주식판을 떠나겠다는 분이 의외로 많았습니다. 빌딩을 사서 임대업자가 되겠다거나 은행에 넣어두거나, 채권을 사놓겠다고 이야기하는 분들이 많았죠. 반면 돈을 벌어도 계속 주식에 주력하겠다는 분은 거의 없습니다.

그 이야기를 듣는 저는 카지노에서 한몫 잡으면 떠나겠다고 하는 말과 비슷한 느낌을 받았습니다. 그래서 큰 수익이 나면 주식시장을 떠나려는 이유를 물어봤더니, 한결같이 주식 투자가 괴롭다고 했습니다. 괴롭기 때문에 빨리 성공해서 벗어나고 싶다고 했습니다. 참 아이러니 했습니다. 주식 투자는 장기 투자를 할수록 수익이 커지고 성공할 확률이 높아지는 것을 알고 있고, 그것을 오랫동안 연구했던 분들이 그런 말을 했으니 의외라 느껴진 것이었죠.

누구나 장기 투자를 해야 한다고 알고 있지만, 투자하는 동안 불안하고 괴롭기는 마찬가지였습니다. 그래서 높은 리스크를 감수하면서 단기간에 수익을 내려고 하는 것입니다.

일반적으로 투자자들은 오랫동안 투자할 만한 것으로 부동산이나 은행예금, 채권처럼 손익의 변동성이 낮은 것을 선호합니다. 게다가 우리는 장기 투자를 하려면 마음이 편해야 한다는 것을 직관적으로 알고 있습니다.

그런데 많은 사람이 높은 수익을 기대하고 손익의 변동성이 높은 투자를 합니다. 하지만 손익의 변화는 보면서 불안해하고 괴로워하다가 결국 손실을 보고 청산합니다. 그 다음에는 불안하고 힘든 시간을 짧게 만들기 위해서 짧은 시간에 대박을 내는 것을 목표로 무리한 투자를 하고 더 큰 손실을 입게 됩니다. 나중에는 지금까지의 손실을 빨리 회복하기 위해서 더 무리한 투자를 하고, 회복이 불가능한 상태에 이르게 됩니다.

투자자들과 이야기해보니 이런 코스를 답습한 사람이 상당히 많았습니다. 첫 단추를 잘못 꿰서 점점 큰 손실을 입게 된 것이죠.

큰 수익을 얻으려면 시작이 중요합니다. 첫 단추를 잘 꿰려면 손익의 변동성을 제일 중요하게 생각해야 합니다. 손익의 변동성이 괴로움을 만들고, 괴로움이 장기 투자를 단기 투자로 유도합니다. 단기 투자는 요행을 바라게 되고, 요행이 필요한 전략은 대부분 실패로 끝나게 됩니다.

그러니 손익의 변동성을 줄여서 투자할 때 괴로움을 줄일 수 있다면, 장기 투자가 가능하고, 수익은 점점 커질 것입니다.

QUANT STOCK

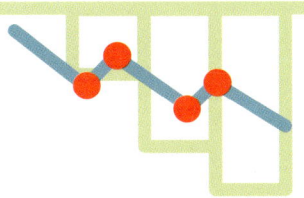

2부

주식 투자는 퀀트 전략으로

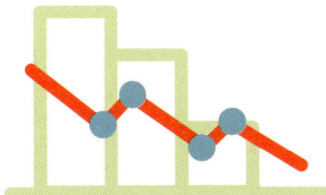

좋은 투자 전략의 조건

이제 우리는 큰 수익을 내려면, 좋은 전략을 가지고 장기간 반복적으로 투자해야 한다는 사실을 확인했습니다. 그리고 장기간 반복적으로 투자하기 위해서는 손익의 변동성이 낮아야 한다는 것까지 알았습니다. 그렇다면 '좋은 전략'이란 어떤 것일까요?

가장 중요한 조건은 역시 수익입니다. 당연하게도 수익이 잘 나는 전략이어야 합니다. 수익률이 어느 정도가 적당하냐는 때에 따라 달라집니다. 일반적으로 무위험 수익(2017년 1월 현재 KEB하나은행 정기예금 1년 만기 1.4% 기준)보다 3~5배 이상은 나야지 할 만하다고 이야기합니다. 현재 무위험 수익이 2%보다 낮으니 연 5~10% 이상은 나야 투자할 만하다고 판단할 수 있습니다.

두 번째는 지금까지 계속 이야기한 손익의 변동성이 낮은 전략이어야 합니다. 손익의 변동성이 낮아야 장기 투자가 가능하고, 언제든지 타이밍에 관계없이 투자할 수 있습니다.

세 번째는 전략이 쉽고 명확해야 합니다. '쉽다'는 것은 누구나 이해할 수 있다는 뜻입니다. '명확하다'는 것은 누가 해도 똑같이 할 수 있고, 결과도 같다는 것을 의미합니다. 스스로 고수라고 말하는 사람들이 자신의 투자 원리를 말하면서 이럴 땐 이렇게 하고, 저럴 때 저렇게 한다는 식으로 이야기를 하는 경우가 종종 있습니다. 본인이 아니면 아무도 똑같이 할 수 없는 전략입니다. 수십 가지의 예외 패턴이 있는데, 한발 물러서서 보면 '코에 걸면 코걸이, 귀에 걸면 귀걸이' 같은 전략입니다. 이런 방법으로는 절대 수익을 낼 수 없습니다.

네 번째는 투자자가 생각하기에 이치에 맞아야 하고, 납득할 수 있는 전략이어야 합니다. 투자를 하는 사람이 먼저 전략에 대해서 납득해야 합니다. 남들이 돈을 많이 번 전략이라도 투자하는 사람이 납득하지 못한다면 따라 하더라도 수익을 낼 수 없습니다. 투자하는 내내 과연 수익을 낼 수 있을지 의심하게 될 것입니다. 그러다 조금만 손실이 나면 "그럴 줄 알았다"고 하면서 투자를 그만 두고 포지션을 청산합니다. 그러니 전략을 만들게 된 가정이나 배경을 알고 이해하고 납득해야 합니다. 그래야지 손실구간을 견딜 수 있습니다.

이런 네 가지 조건을 가장 부합하는 투자 전략이 퀀트 전략이라 생각합니다. 퀀트 전략은 누가 하더라도 높은 수익을 낼 수 있습니다. 누가 하더라도 똑같은 결과가 나오며, 누가 생각하더라도 이치에 맞고, 납득할 수 있습니다.

자 그럼 이제 퀀트 전략에 대해서 설명해보겠습니다.

2.
퀀트란 무엇인가

1) 퀀트의 정의

퀀트의 정의를 사전에서 찾아보면 아래와 같습니다.

'객관적인 재무데이터로 계량적인 모델을 구축하고, 시장의 움직임을 바탕으로 컴퓨터 프로그램을 만들어 이에 근거해 투자 결정을 내리는 것'

이처럼 퀀트는 대상이 고평가돼 있는지, 혹은 저평가돼 있는지를 판단해서 고평가된 것은 매도하고 저평가된 것은 매수하면서 시장대비 초과수익을 추구합니다. 시장이 호황기일 때 상당한 수익을 냈지만, 신용경색으로 투자자들이 우량 주식을 매도하고 관망했을 때는 이를 저평가로 오인해 대량 매수하면서 막대한 손실을 내기도 했습니다.

퀀트는 Quantitive의 줄임말로 '셀 수 있는 수'를 의미합니다. 우리가 퀀트를 분석한다고 하면, 셀 수 있는 수인 회계데이터를 이용해서 기업을 분석하는 것을 이야기합니다. 이때 개인적인 의견이나 정보를 배제하고 오로지 회계데이터만을 이용합니다. 한 개의 기업을 분석하는 것이 아니라 많은 기업을 짧은 시간에 분석해서 비교하기 때문에 이 프로그램이 필요한 것이죠.

2) 정성적 분석

퀀트는 숫자 데이터만 이용해서 기업을 분석합니다. 그럼 퀀트와 반대되는 개념은 어떤 것일까요? 바로 정성적 분석입니다. 참고로 퀀트 분석은 정량적 분석이라고도 합니다.

워런 버핏이나 피터 린치같이 훌륭한 투자자는 회사를 방문해서 대표와 직원들을 만나고, 그들의 열정을 봤습니다. 그리고 출시할 신제품을 본 후에 시장점유율이 얼마나 될지 예측해봤습니다. 경기가 어떻게 변할지도 잘 파악해야 하고, 앞으로 시장이 어떻게 변할지도 예상해야 했죠. 이런 투자자는 정부의 정책, 경쟁 기업의 경영 능력도 파악해야 합니다. 남들이 보지 못하는 것까지 볼 수 있어야 하고, 수많은 정보를 가지고 지식과 경험을 통해서 기업의 미래를 예측하기도 합니다. 조사한 것들을 모으고 분석해서 회사가 얼마나 성장할지도 예상해봅니다.

정성적 분석을 하는 투자자는 "발품을 파는 만큼 수익률이 올라간다"고 합니다. 발품을 파는 만큼 정확한 정보도 많아지니 좋은 선택을 할 수 있고, 투자의 성과도 좋아지기 때문입니다.

물론 이런 내용은 수치로 정확하게 나타낼 수 있는 사항은 아닙니다. 같은 상황이나 정보를 보더라도 사람마다 서로 다르게 생각을 합니다. 이런 것들을 정성적 분석이라고 하는데, 정성적 분석을 위해서는 직관이 필요하고, 상상력이 필요하고, 감정이 필요합니다. 이런 것들을 뭉뚱그려서 "통찰력이 중요하다"고 합니다. 그리고 훌륭한 투자자들은 모두 통찰력이 뛰어난 사람들이었습니다.

3) 정성적 분석의 장점

워런 버핏의 책이나 가치 투자에 관한 책을 읽다 보면 '10루타 종목' 이야기가 나옵니다. 10루타는 10배가 오른 주식을 의미합니다. 남들은 외면할 때 남들이 보지 못했던 것을 봤고, 남들이 두려워할 때 확신을 가지고 투자를 해서 엄청난 수익을 얻은 이야기는 정성적 분석이 어떤 의미를 가지는지 잘 말해줍니다.

남다른 통찰력이 있으면 엄청난 수익을 낼 수 있다는 게 정성적 분석의 장점인 것이죠.

4) 정성적 분석의 단점

수준 차이 정성적 분석은 사람에 따라서 수준 차이가 많이 납니다. 즉 수익률의 차이가 크게 납니다. 정성적 분석의 핵심인 통찰력은 당연히 많은 경험과 노력과 시간을 필요로 하며, 그것들이 잘 조합돼야 수익을 거둘 수 있기 때문입니다.

그래서 개인 투자자 중에는 통찰력을 키우기 위해서 노력을 하는 사람도 있지만, 통찰력 있는 사람의 등 뒤에 타서 수익을 내려는 사람도 있습니다. 하지만 누가 통찰력이 있는지 알아내는 것도 쉽지는 않습니다.

기다리는 시간과 높은 손익의 변동성 저평가된 종목이라도 그 가치를 찾는 데 시간이 걸립니다. 문제는 그 시간이 얼마나 걸릴지 모른다는 데 있습니다. 고심한 끝에 투자하면 그 뒤에는 인고의 시간이 따릅니다. 스스로 선택한 회사가 생각대로 성장하는지 점검하면서 주가가 오르기만 기다리는 시간을 가져야 합니다.

그런데 워런 버핏 같은 투자의 현인도 무척 힘든 시기를 겪었다는 데 문제가 있습니다. 나스닥이 150% 상승할 때 워런 버핏은 손실을 입는 경우도 있었습니다. 결국 워런 버핏이 산 종목들이 올라가고, 나스닥이 크게 하락해서 그의 명성이 더 높아졌지만, 그 과정은 일반인이라면 견딜 수 없었을 것입니다.

집중 투자 여러 종목을 동시에 투자하는 것은 어렵습니다. 한 기업을 알아가는 데도 많은 시간과 에너지를 쏟아야 하기 때문에 많은 기업을 세세히 분석하는 게 힘듭니다. 그래서 보통은 소수 종목에 집중 투자하게 됩니다. 또 그렇게 해야 큰 수익을 낼 수 있습니다.

그런데 일반인에게 집중 투자는 수익보다 손실의 확률이 높다는 큰 단점이 있습니다.

대박과 쪽박의 정성적 분석

제 주변에 정성적 분석으로 10루타를 친 분이 계십니다. 그분은 웅진코웨이로 수익을 냈습니다.

[그림8]

2002년 초, 폭발적으로 오른 웅진코웨이의 주가는 1년여 동안 10배가 올랐습니다. 여기에 투자하신 분은 당시 대단지 아파트에 살았는데, 웅진코웨이에서 영업하시는 분의 설득으로 정수기를 놓았다고 합니다. 그리고 웅진코웨이 직원이랑 이야기하다 보니 그 아파트 단지에 웅진코웨이 정수기를 놓는 집들이 꽤 많다는 사실을 알게 됐습니다. 게다가 매달 정수기 관리비를 내다보니 웅진코웨이가 돈을 많이 벌 것 같아 조사해봤다고 합니다.

먼저 회사 재무제표를 살펴보고, 회사에 직접 전화해서 이것저것 물어봤습니다. 그리고 정수기 렌탈 사업이 성장할 거란 확신이 들었습니다. 낡은 아파트에서 살아서 가끔 녹물이 나올 때가 있는데, 그때마다 정수기 사업이 잘 될 것이란 확신이 들었다고 합니다. 더구나 사람들은 건강을 위해 돈을 쓰는 것을 아깝게 생각하지 않게 됐습니다. 또 환경 오염에 관해 언론에서 지속적으로 보도를 하고 있었기 때문에 정수기 사업은 반드시 성장할 거라고 확신이 들었다고 말했습니다. 판매가 아니라 렌탈이라는 구조 역시, 이 회사가 지속적으로 성장할 수 있겠다는 판단이 서게 했다고 합니다. 그래서 웅진코웨이 주식을 샀고, 생각보다 빠르게 10배의 주가 상승이 있었습니다.

한편, 제게 경동가스를 추천해주신 분도 있었습니다.

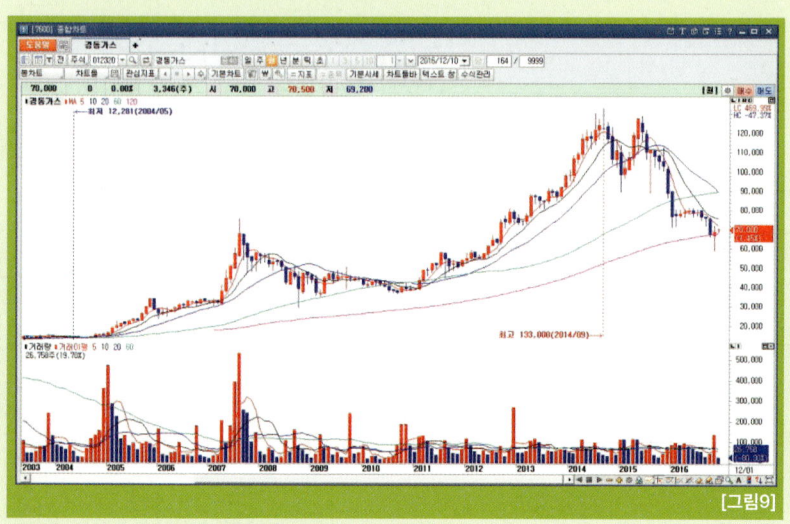

[그림9]

경동가스는 울산, 양산지역의 도시가스를 공급하는 독점업체였습니다. 그리고 경동가스에는 일반인들은 잘 모르는 사실이 있었습니다. 도시가스관을 설치하면 30년 이상 쓰는데 회계상으로는 25년 동안만 비용으로 처리한다는 것이었죠. 예를 들어 한 아파트에 도시가스관을 설치하면, 25년간은 가스판매 수입도 있지만, 가스관에 대한 비용도 있습니다. 그러다가 26년째부터는 비용은 없고 수익만 있으니 갑자기 수익이 크게 늡니다.

이 사실을 아시는 분이 경동가스의 수익이 좋아질 것이라고 말하면서 추천해줬습니다. 그리고 그 뒤에 경동가스는 몇 배가 올랐습니다. 10년간 계속 올라 10루타를 친 것이죠. 남들은 관심 없는 것 중에 유용한 정보를 찾아내는 통찰력이 있어서 큰돈을 벌 수 있었습니다. 아쉽게도 저는 2008년 금융위기 때 경동가스 주식을 팔아서 큰 수익을 내지 못했습니다.

[그림10]

한류 붐을 예상했던 사람에게는 큰 수익을 안겨준 에스엠 관련 일화도 있습니다. 2008년 금융위기 때 770원이었던 에스엠 주식이 2012년에는 7만 1,600원까지 올랐습니다. 4년만에 90배가 넘게 오른 것입니다.

이제는 한류라는 단어가 익숙하지만, 2000년대 중반만 하더라도 과연 타국에서 우리나라 문화산업을 수출할 수 있을지, 우리나라 연예인이 해외에서도 경쟁력이 있을지 의심하는 분위기가 있었습니다. 그런데 이제는 우리 모두 아는 것처럼 한류라는 열풍을 일궈내면서 수익이 크게 늘었고, 에스엠의 주가는 크게 상승했습니다. IMF이전의 국내에서만 알아주던 대기업이 IMF이후에 글로벌 기업이 된 것처럼 국내 연예인들이 해외에서 활동하면서 수익이 급증한 것이죠.

제가 알고 있던 분도 만날 때마다 에스엠을 사야 한다고 이야기하셨습니다. 한류 붐이 일어나서 수익이 급증할 것이라는 논리였지요. 아이러니하게도 그분은 에스엠을 못 샀습니다. 다른 종목에 투자하고 있었는데, 그 종목에서 큰 손실을 입었기 때문이었죠. 결국 그 투자자는 보유한 종목을 손실을 보면서 정리했고, 에스엠이 아주 크게 오르는 걸 구경만 했습니다.

한편 인터넷에는 재미있는 글이 올라왔었습니다. 소녀시대가 2007년에 데뷔했는데, 팬 중 한 명이 920원에 에스엠 주식을 사서 큰 수익을 냈다는 기사였죠. "기업과 시장을 분석하는 우리는 확신이 없었는데 팬은 확신이 있었구나"하며 한동안 웃었습니다.

반대로 실패한 케이스도 있습니다. 이채원(한국투자밸류자산운용) 씨가 쓴 책을 읽고 그분처럼 되고 싶어하던 분이셨죠. 여기서는 편의상 A 씨라고 하겠습니다. 그 책에는 이채원 씨가 한국이동통신(현 sk텔레콤)을 사서 큰돈을 번 일화가 있었습니다. 이채원 씨는 자신이 휴대폰을 살 때면 포화상태가 되리라 예상해서 본인이 휴대폰을 살 때쯤 sk텔레콤을 처분했다고 합니다. 그런데 그 뒤로도 sk텔레콤은 한참 올랐다고 합니다. 1999년과 2000년, 2년 동안 20배쯤 오른 것이죠.

[그림11]

그 책을 읽은 A 씨는 대체에너지인 태양광이 앞으로 크게 발전할 것이라고 생각하고 관련 주식을 사고자 했습니다. 유가가 오르고 있고, 공해가 없는 청정에너지인 태양에너지야말로 전 세계에서 사용할 것이라고 생각한 것이죠. 그리고 이채원 씨처럼 자기가 살고 있는 아파트에 태양전지판을 달 때 주식을 팔겠다면서 동양제철화학(현 OCI)를 샀습니다. 물론 결과는 참담했습니다. 경기가 나빠진 데다가 셰

일가스, 셰일석유 때문에 유가가 폭락하면서 대체에너지에 대한 수요가 줄어들었습니다. 결국 그분은 큰 손실을 입었습니다.

[그림12]

OCI를 2005년쯤 매수해서 2008년이나 2011년에 매도했다면 행복한 결말이었겠지만, 그분은 2010년쯤 40만 원대에 매수해서 지금까지 보유 중입니다. 이것이 통찰력의 차이가 아닐까 합니다.

5) 퀀트를 이용한 투자

기업들은 1년에 네 차례 공시를 통해 재무제표를 발표합니다. 모든 회사가 각 분기별로 1회 발표하고, 지난해 1월부터 12월까지의 회계정보를 다음 해 3월 30일까지 공시해야 합니다. 3월 30일 이후로는 모든 회사의 재무제표를 투자자들도 볼 수 있습니다. 그날까지 재무제표를 공시하지 않는 회사는 조금 문제가 있는 회사라 생각합니다.

모든 회사의 재무제표를 정렬하면 어떤 회사가 더 이익률이 높은지 계산할 수 있습니다. 어떤 회사의 자산이 더 많은지, 빠르게 증가했는지도 계산할 수 있습니다. 주가도 볼 수 있기 때문에 시가총액대비 당기 순이익을 많이 낸 회사 역시 파악할 수 있습니다.

코드	회사명	매출액 (201609) 누적	매출원가 (201609) 누적	매출총이익 (201609) 누적	판관비와 관리비 (201609) 누적	발표영업이익 (201609) 누적	영업외손익 (201609) 누적
A000020	동화약품(주)	179,106	101,648	77,459	66,705	10,754	528
A000040	케이알모터스(주)	73,681	64,381	9,300	10,164	-865	-3,981
A000050	(주)경방	231,506	158,535	72,971	43,886	29,085	-5,880
A000070	(주)삼양홀딩스	49,406	9,479	39,928	26,785	13,142	-410
A000080	하이트진로(주)	1,209,836	668,645	541,191	463,148	78,042	-27,864
A000100	(주)유한양행	964,389	702,522	261,867	209,897	51,970	39,678
A000120	씨제이대한통운(주)	3,569,929	3,228,371	341,557	230,429	111,129	-91,699
A000140	하이트진로홀딩스(주)	42,545	0	42,545	2,159	40,386	-10,581
A000150	(주)두산	1,500,519	1,016,527	483,992	243,857	240,135	-61,205
A000180	성창기업지주(주)	5,956	0	5,956	5,458	498	761
A000210	대림산업(주)	6,311,239	5,650,046	661,193	376,079	285,115	-92,881
A000230	일동홀딩스(주)	16,288	6,371	9,917	11,990	-2,073	-629
A000240	한국타이어월드와이드	70,612	0	70,612	30,349	40,262	8,308
A000270	기아자동차(주)	22,858,002	17,880,916	4,977,086	3,550,747	1,426,339	780,268
A000300	(주)대유신소재	166,989	153,019	13,970	9,419	4,551	5,468
A000320	(주)노루홀딩스	80,585	0	80,585	10,525	70,060	-5,579
A000390	삼화페인트공업(주)	329,596	265,390	64,207	51,710	12,497	4,885
A000430	대원강업(주)	613,896	560,671	53,225	27,070	26,155	-4,813
A000440	조선내화(주)	342,556	294,344	48,212	30,154	18,059	6,393
A000490	대동공업(주)	362,353	287,057	75,296	81,089	-5,792	-4,090
A000500	가온전선(주)	516,464	483,059	33,405	20,426	12,979	-3,651
A000520	삼일제약(주)	72,009	41,695	30,313	28,244	2,069	-826
A000590	CS홀딩스(주)	1,350	0	1,350	1,079	271	405
A000640	동아쏘시오홀딩스(주)	42,866	15,626	27,240	26,446	795	-2,400
A000650	(주)천일고속	43,821	34,981	8,839	7,075	1,764	2,621
A000660	에스케이하이닉스(주)	11,408,846	7,808,689	3,600,157	2,085,493	1,514,664	-53,005
A000670	(주)영풍	814,234	731,242	82,991	39,857	43,134	48,428
A000680	(주)엘에스네트웍스	300,519	170,580	129,939	140,343	-10,404	-7,828
A000700	(주)유수홀딩스	13,773	7,781	5,992	0	5,992	-2,365
A000720	현대건설(주)	7,892,850	7,189,074	703,776	331,057	372,719	-110,815
A000850	화천기공(주)	120,006	102,467	17,539	12,325	5,214	3,577
A000860	강남제비스코(주)	196,281	156,015	40,266	21,247	19,019	4,835
A000880	(주)한화	3,736,139	3,332,194	403,945	230,643	173,302	20,518
A000890	보해양조(주)	92,346	55,742	36,604	39,316	-2,712	-110
A000910	(주)유니온	69,819	59,407	10,412	9,582	830	893
A000950	전방(주)	142,267	147,544	-5,277	4,489	-9,766	618
A000990	(주)동부하이텍	572,144	358,087	214,057	83,666	130,391	-39,319
A001020	페이퍼코리아(주)	236,006	211,961	24,044	19,399	4,645	-11,521
A001040	씨제이(주)	99,202	0	99,202	34,704	64,498	-4,436

코드	회사명	분기순이익 (201609) 누적	기타포괄손익 (201609) 누적	총포괄손익 (201609) 누적	자산총계 (201609) 누적	부채총계 (201609) 누적	자본총계 (201609) 누적
A000020	동화약품(주)	7,201	84	7,285	328,424	93,234	235,190
A000040	케이알모터스(주)	-4,845	0	-4,845	155,070	90,256	64,814
A000050	(주)경방	23,407	1	23,408	1,239,938	548,186	691,752
A000070	(주)삼양홀딩스	15,640	398	16,038	1,267,437	228,904	1,038,534

종목코드	종목명						
A000080	하이트진로(주)	34,661	2,509	37,170	3,264,618	1,937,198	1,327,420
A000100	(주)유한양행	69,752	13,977	83,729	1,659,708	310,758	1,348,951
A000120	씨제이대한통운(주)	17,118	458	17,576	4,094,131	1,796,065	2,298,066
A000140	하이트진로홀딩스(주)	29,238	4,382	33,620	1,629,668	639,484	990,184
A000150	(주)두산	173,391	2,448	175,839	3,649,438	1,514,890	2,134,548
A000180	성창기업지주(주)	1,259	155,807	157,066	316,856	45,276	271,579
A000210	대림산업(주)	88,312	-36,659	51,653	10,368,573	5,742,344	4,626,229
A000230	일동홀딩스(주)	267,202	-3,662	263,540	139,403	33,952	105,451
A000240	한국타이어월드와이드(주)	39,891	2,210	42,101	2,267,706	82,209	2,185,497
A000270	기아자동차(주)	1,871,289	-262,072	1,609,217	34,182,277	12,205,839	21,976,438
A000300	(주)대유신소재	8,535	1,523	10,059	197,017	81,431	115,586
A000320	(주)노루홀딩스	74,051	502	74,553	364,171	64,446	299,725
A000390	삼화페인트공업(주)	15,183	0	15,183	470,658	221,159	249,499
A000430	대원강업(주)	16,942	4,221	21,163	794,901	410,871	384,030
A000480	조선내화(주)	5,235	19,585	24,820	588,475	126,466	462,009
A000490	대동공업(주)	-8,093	1,852	-6,242	586,939	388,240	198,699
A000500	가온전선(주)	7,173	548	7,721	493,377	226,151	267,226
A000520	삼일제약(주)	646	-300	346	102,280	48,556	53,724
A000590	CS홀딩스(주)	563	130	693	171,486	7,714	163,772
A000640	동아쏘시오홀딩스(주)	2,649	1,534	4,183	625,097	207,482	417,615
A000650	(주)천일고속	3,503	-94	3,409	54,699	14,952	39,747
A000660	에스케이하이닉스(주)	1,178,258	-6,435	1,171,823	28,636,817	7,135,530	21,501,287
A000670	(주)영풍	73,409	0	73,409	2,136,654	433,935	1,702,718
A000680	(주)엘에스네트웍스	-13,826	303	-13,523	1,185,886	657,290	528,597
A000700	(주)유수홀딩스	3,648	164	3,812	276,909	96,738	180,171
A000720	현대건설(주)	198,322	-95,528	102,794	12,422,195	7,147,169	5,275,026
A000850	화천기공(주)	7,083	4,178	11,261	313,221	61,675	251,546
A000860	강남제비스코(주)	19,124	437	19,561	385,117	59,015	326,102
A000880	(주)한화	154,955	48	155,003	7,629,676	4,839,302	2,790,374
A000890	보해양조(주)	-2,564	-16	-2,579	216,980	114,835	102,145
A000910	(주)유니온	444	13,017	13,461	177,692	44,520	133,172
A000950	전방(주)	-9,436	-1,985	-11,421	475,650	305,627	170,023
A000990	(주)동부하이텍	93,583	-18	93,566	1,000,234	629,006	371,228
A001020	페이퍼코리아(주)	-5,499	-1,472	-6,971	474,783	332,270	142,513
A001040	씨제이(주)	52,657	1,014	53,671	2,964,880	276,628	2,688,252

[표7 : 출처 에프앤가이드]

　　재무데이터를 이용하면 내가 원하는 정보까지 만들 수 있는데, 정리된 기업의 재무데이터는 현재도 여러 사이트에서 제공해주고 있습니다.

6) 퀀트를 이용한 랭킹시스템 전략

　　퀀트는 회계, 재무데이터만 이용해서 기업의 가치를 분석하고, 그것을 바탕으로 투자를 하는 방법입니다. 그리고 현재는 퀀트를 이용한 투자법도 여러 가지를 응용하면서 많은 전략이 생겨났습니다.

그중 가장 단순해서 누구나 할 수 있고, 이해하기 쉬우며, 성과도 좋은 투자법이 랭킹시스템 전략입니다.

랭킹시스템의 '랭킹'은 말 그대로 순위를 매기는 것입니다. 연말이 되면 종종 기업 순위가 나옵니다. 이때는 매출액, 순이익, 자산순위 등으로 순위를 매깁니다. 그런데 랭킹시스템에서 매기는 순위는 저평가 순위입니다. 저평가가 가장 많이 된 것을 1등으로 매기는 것이죠. 저평가 순위에 따라서 등수를 높게 줍니다. 반대로 고평가가 될수록 순위가 밑으로 내려갑니다. 2,000개 정도의 회사가 있으니 2,000등 정도면 나쁜 회사라 생각하시면 됩니다.

그럼 저평가된 정도는 어떻게 구하는가, 이것이 중요한 포인트입니다. 이때 이용하는 것이 바로 퀀트입니다. 물론 퀀트를 이용해도 사람마다 기준이 다릅니다. 어떤 사람은 주가수익비율(PER)이 낮은 것이 저평가가 됐다고 이야기를 하고, 어떤 사람은 PBR이 낮은 것이 저평가된 것을 가장 정확하게 찾아낼 수 있다고 주장합니다. 제일 유명한 방법은 조엘 그린블라트가 말한 '마법공식'입니다. 회계기준이 미국과 우리나라가 조금 달라서 우리나라에서 정확하게 구하기는 어렵습니다만, 대략 PER가 자기자본이익률(ROE)을 응용하면 비슷하게 사용할 수 있습니다.

랭킹시스템을 통해 나온 1등부터 20등까지 20종목을 총 자금의 5%씩 삽니다. 가장 저평가된 회사 20개를 골고루 사는 것입니다. 1년이 지난 후에 20종목을 팔면 투자의 한 사이클이 끝납니다.

지금까지 나온 랭킹시스템을 더 쉽게 요약하자면, 재무데이터를 이용해서 모든 기업의 저평가 순위를 구하고, 가장 저평가된 기업들을 수십 종목으로 분산 투자를 하는 방법이라 할 수 있습니다.

> **TIP BOX** 용어 정리
>
> ### 주가수익비율(PER)
>
> PER이란 'Price Earning Ratio'의 약자로, 각 단어를 살펴보면 Price(가격), Earning(수익), Ratio(비율)입니다. 이를 그대로 직역하면 가격의 수익비율, 증권시장에서는 주가의 수익비율을 말합니다. 보통 '주가수익비율'이라고 하며, 주가를 1주당 예상 순이익으로 나눈 것입니다.
>
> $$\text{주가수익비율(PER)} = \text{주가} \div \text{1주당 예상 순이익}$$
>
> 이는 순이익에 비해 기업의 주가가 증시에서 어떤 평가를 받고 있는지를 나타내는 척도가 됩니다. 일반적으로 PER이 낮을수록 회사가 벌어들이는 이익금에 비해 저평가, PER이 높을수록 고평가됐다고 여기며, 시장평균에 비해 얼마나 프리미엄이 붙어있는지 평가하는 데도 사용됩니다.
>
> ### 자기자본이익률(ROE)
>
> ROE란 'Return On Equity'의 약자로, 보통 '자기자본이익률'이라고 말합니다. 이는 '내가 투자한 돈(주주지분)으로 회사가 1년간 얼마나 벌어들였

는가'를 나타내는 지표로, ROE가 타기업보다 높다면 자기자본에 비해 그만큼 당기 순이익을 많이 내 효율적인 회사운영 및 영업활동을 했음을 의미합니다. 기업가치가 높은 회사라 할 수 있겠죠.

하지만 ROE가 높다고 무조건적으로 투자할 만한 대상이라고 할 순 없습니다. ROE를 통해 동종 기업 간 경쟁력을 비교해볼 수 있지만, 기업의 유망도나 성장성을 보여주는 지표는 아니니 ROE만을 고려하는 것은 지양해야 합니다.

ROE 다음과 같이 구합니다.

> 자기자본이익률(ROE) = (당기 순이익 ÷ 평균 자기자본) X 100(%)

이브이/에비타(EV/EBITDA)

EBITDA는 'Earning Before Interest, Tax, Depreciation and Amortization'의 약자로, '세전·이자지급전이익' 혹은 '법인세이자 감가상각비 차감전영업이익'을 말합니다. 이것은 이자비용(Interest), 세금(Tax), 감가상각비용(Depreciation & Amortization) 등을 빼기 전 순이익을 뜻합니다.

> 에비타(EBITDA) = 영업이익 + 감가상각비 등 비현금성 비용 + 제세금

EV는 'Enterprise Value'의 약자로, 말 그대로 기업의 가치를 말합니다.

> 이브이(EV) = 시가총액 + 순차입금(총 차입금 - 현금 및 투자 유가증권)

EV/EBITDA는 기업의 가치를 세금과 이자를 내지 않고 감가상각도 하지 않은 상태에서 이익(EBITDA)으로 나눈 것입니다. 보통 기업이 만들어낼 수 있는 현금능력이 기업의 가치대비 어느 정도로 평가되는지를 나타내는 지표입니다.

> 이브이에비타(EV/EBITDA)
> = (시가총액+순차입금) ÷ (영업이익+감가상각비 등 비현금성 비용+제세금)

쉽게 이야기해서 만약 EV/EBITDA가 3배라면, 그 기업이 현재와 같이 수익을 올릴 경우 기업가치(이브이, EV)만큼 버는 데 3년이 걸리는 것이라 할 수 있습니다. 또한 PER과 마찬가지로 비율이 낮을수록 기업의 주가가 기업가치에 비해 저평가돼있다고 볼 수 있습니다.

주가순자산비율(PBR)

PBR은 'Price to Book-value Ratio' 의 약자로, Price(가격), Book-value(장부가치), Ratio(비율)을 말합니다. 직역해보자면 가격의 기업(장부가치)비율로, 증권시장에서는 주가의 기업(장부자산)비율을 뜻합니다. 보통 '주가순자산비율'이라고 하며, '1주의 주식가격이 기업(장부자산)의 순자산에서 차지하는 비율'을 뜻합니다.

> 주가순자산비율(PBR) = 주가 ÷ 1주당 자산

이것은 주가가 순자산에 비해 1주당 몇 배로 거래되고 있는지를 측정하는 지표가 되며, 기업의 청산가치와 시장가치를 비교할 때 사용됩니다. 따라서 PBR이 1 미만이라면 기업가치(장부가치)보다 주가가 상대적으로 낮다는 뜻이고, 1이상이라면 주가가 기업가지(장부가치)보다 상대적으로 낮다는 뜻입니다. 그러니 PBR이 낮을수록 주가가 저평가됐다고 볼 수 있습니다.

7) 랭킹시스템이 믿는 가정

랭킹시스템에서 믿는 가정은 다음 4가지입니다.

1. 저평가된 것은 시간이 지나면 제 가격을 찾아간다.
2. 상대적으로 저평가된 것은 시장 전체의 수익률보다는 대부분 좋다.
3. 제일 저평가돼 있는 것은 가장 많이 오르거나 가장 빠르게 오를 가능성이 높다.
4. 여러 종목으로 분산 투자하면 한두 종목이 예상과 다르게 움직여도 전체 수익에는 큰 영향을 끼치지 않아 안전하다.

랭킹시스템은 상대적으로 많이 저평가된 주식을 찾아서 여러 종목으로 분산 투자를 하는 것입니다. 그리고 제 가치를 찾기를 기다리면 됩니다. 물론 상대적으로 많이 저평가된 주식이 더 많이, 더 빠르게 상승할 것이라는 가정이 있습니다.

아마 위의 네 가지 가정 중 틀렸다고 판단되는 내용은 없을 것입니다. 다만 이렇게 간단하게 투자해서 수익이 날지, 난다면 얼마나 날지가 궁금하실 것 같습니다.

정답부터 말씀드리면, 간단한 방법임에도 수익률은 상당히 높습니다.

8) 랭킹시스템 테스트해보기

(1) 재무데이터 구하기

기업들은 각 분기별로 재무제표를 공시해야 합니다. 공시하지 않으면 법적인 제재를 당하기 때문에 성실히 공시합니다. 그래서 우리는 전자공시시스템에 들어가서 재무데이터를 얻을 수 있습니다. 재무데이터는 1년에 네 차례 공시하게 돼있고, 분기데이터가 아닌 연간데이터는 3월 말까지 공시하게 돼 있습니다. 따라서 연간데이터를 사용할 경우에는 4월 1일을 투자 기준일로 삼으면 계산하기 편합니다.

문제는 2,000개가 넘는 회사의 결산보고서를 읽고, 필요한 재무데이터만 골라내야 한다는 데 있습니다. 이것은 수작업으로는 불가능합니다. 물론 프로그램을 만들어서 전자공시시스템에서 데이터를 모으는 분도 있습니다. 그리고 유료사이트에서 정리된 데이터를 판매하기도 합니다.

코드	회사명	시장	업종	산업명	지배주주 순이익 (201412) 누적	지배주주 지분 (201412) 누적
A059090	(주)미코	코스닥	제조업	전자부품, 컴퓨터, 영상, 음향 및 통신장비 제조업	-8	47,839
A036420	(주)제이콘텐트리	코스닥	제조업	전문서비스업	-63	89,968
A067180	대화제약(주)	코스닥	제조업	의료용 물질 및 의약품 제조업	-102	58,000
A200130	콜마비앤에이치(주)	코스닥	제조업	의료용 물질 및 의약품 제조업	-619	12,743
A004990	롯데제과(주)	거래소	제조업	식료품 제조업	-2,851	2,482,855

코드	종목명	시장	업종1	업종2	손익	금액
A046110	한일네트웍스(주)	코스닥	제조업	정보서비스업	-36	31,855
A080220	(주)제주반도체	코스닥	제조업	전자부품, 컴퓨터, 영상, 음향 및 통신장비 제조업	-124	40,132
A001570	(주)금양	거래소	제조업	화학물질 및 화학제품 제조업 ; 의약품 제외	-110	43,682
A056080	(주)유진로봇	코스닥	제조업	기타 기계 및 장비 제조업	-241	25,065
A065500	(주)오리엔트정공	코스닥	제조업	자동차 및 트레일러 제조법	-33	13,828
A067290	제이더블유중외신약(주)	코스닥	제조업	금속가공제품 제조업 ; 기계 및 가구 제외	-527	42,578
A024830	(주)세원물산	코스닥	제조업	자동차 및 트레일러 제조업	-194	172,094
A068870	(주)엘지생명과학	거래소	제조업	의료용 물질 및 의약품 제조업	-2,101	249,115
A086980	(주)미디어플렉스	코스닥	제조업	영상, 오디오 기록물 제작 및 배급업	-760	105,077
A009470	삼화전기(주)	거래소	제조업	전자부품, 컴퓨터, 영상, 음향 및 통신장비 제조업	-92	24,156
A159580	(주)제로투세븐	코스닥	제조업	도매 및 상품중개업	-408	60,135
A131370	알서포트(주)	코스닥	제조업	출판업	-463	53,787
A023150	(주)MH에탄올	거래소	제조업	음료 제조업	-188	52,789
A000500	가온전선(주)	거래소	제조업	전기장비 제조업	-350	262,714
A095170	(주)웨이브일렉트로닉스	코스닥	제조업	전자부품, 컴퓨터, 영상, 음향 및 통신장비 제조업	-481	30,100
A078160	메디포스트(주)	코스닥	제조업	의료용 물질 및 의약품 제조업	-1,851	116,577
A078160	메디포스트(주)	코스닥	제조업	의료용 물질 및 의약품 제조업	-1,851	116,577
A049800	(주)우진클라임	거래소	제조업	전자부품, 컴퓨터, 영상, 음향 및 통신장비 제조업	-171	82,745
A041960	(주)코미팜	코스닥	제조업	의료용 물질 및 의약품 제조업	-2,150	53,159
A031390	(주)녹십자셀	코스닥	제조업	도매 및 상품중개업	-2,251	36,747
A047080	(주)한빛소프트	코스닥	제조업	출판업	-1,164	17,849
A084010	대한제강(주)	거래소	제조업	1차 금속 제조업	-826	372,522
A011420	(주)아이비월드와이드	코스닥	제조업	스포츠 및 오락관련 서비스업	-255	23,206
A085660	(주)차바이오텍	코스닥	제조업	의료용 물질 및 의약품 제조업	-4,333	297,225
A007110	(주)일신석재	거래소	제조업	도매 및 상품중개업	-568	55,292
A032540	티제이미디어(주)	코스닥	제조업	전자부품, 컴퓨터, 영상, 음향 및 통신장비 제조업	-299	80,057
A028200	에이치엘비(주)	코스닥	제조업	전기장비 제조업	-2,931	23,972
A046890	서울반도체(주)	코스닥	제조업	전자부품, 컴퓨터, 영상, 음향 및 통신장비 제조업	-6,870	558,016
A001540	안국약품(주)	코스닥	제조업	의료용 물질 및 의약품 제조업	-1,362	121,728
A047560	(주)이스트소프트	코스닥	제조업	출판업	-1,715	27,459
A063160	(주)종근당바이오	거래소	제조업	의료용 물질 및 의약품 제조업	-1,105	121,845
A066970	(주)엘앤에프	코스닥	제조업	전기장비 제조업	-791	57,049
A071090	(주)하이스틸	거래소	제조업	1차 금속 제조업	-479	131,295
A038620	위즈정보기술(주)	코스닥	제조업	소매업 ; 자동차 제외	-211	31,676

[표8]

(2) 가격데이터 구하기

가격데이터는 HTS에서 받을 수도 있고, 거래소 홈페이지에서 받을 수도 있습니다. 다만 시뮬레이션 테스트를 하기 위해서는 반드시 과거데이터가 필요한데, HTS에서는 상장폐지가 되거나 인수합병이 된 회사들의 데이터를 제공하지 않습니다. 또 액분, 무증, 유증 등이 있었으면 수정주가로 나와서 계산이 다르게 나올 때가 있습니다. 이

점이 테스트할 때 걸림돌이 됩니다.

거래소에서는 현재 상장폐지가 돼 있더라도 과거에 거래되던 종목의 데이터를 구할 수 있습니다. 수정주가가 아니라 당시 거래되던 가격으로 제공합니다. 거래소에서 이 데이터를 무료로 구할 수 있습니다. 다만 한 번에 하루치의 데이터만 제공해서 몇 년 치의 데이터를 다 다운 받으려면 무척 힘듭니다. 그래서 거래소에서는 정리된 과거 시세데이터를 판매하기도 합니다.

코드	회사명	시장	업종	산업명	지배주주 순이익 (201412) 누적	지배주주 지분 (201412) 누적	2015년 4월1일 주가
A059090	(주)미코	코스닥	제조업	전자부품, 컴퓨터, 영상, 음향 및 통신장비 제조업	-8	47,839	2,490
A036420	(주)제이콘텐트리	코스닥	제조업	전문서비스업	-63	89,968	3,560
A067080	대화제약(주)	코스닥	제조업	의료용 물질 및 의약품 제조업	-102	58,000	12,150
A200130	콜마비앤에이치(주)	코스닥	제조업	의료용 물질 및 의약품 제조업	-619	12,743	17,050
A004990	롯데제과(주)	거래소	제조업	식료품 제조업	-2,851	2,482,855	1,785,000
A046110	한일네트웍스(주)	코스닥	제조업	정보서비스업	-36	31,855	2,255
A080220	(주)제주반도체	코스닥	제조업	전자부품, 컴퓨터, 영상, 음향 및 통신장비 제조업	-124	40,132	3,595
A001570	(주)금양	거래소	제조업	화학물질 및 화학제품 제조업 ; 의약품 제외	-110	43,682	1,650
A056080	(주)유진로봇	코스닥	제조업	기타 기계 및 장비 제조업	-241	25,065	5,790
A065500	(주)오리엔트정공	코스닥	제조업	자동차 및 트레일러 제조법	-33	13,828	756
A067290	제이더블유중외신약(주)	코스닥	제조업	금속가공제품 제조업 ; 기계 및 가구 제외	-527	42,578	6,700
A024830	(주)세원물산	코스닥	제조업	자동차 및 트레일러 제조업	-194	172,094	10,450
A068870	(주)엘지생명과학	거래소	제조업	의료용 물질 및 의약품 제조업	-2,101	249,115	54,300
A086980	(주)미디어플렉스	코스닥	제조업	영상, 오디오 기록물 제작 및 배급업	-760	105,077	5,140
A009470	삼화전기(주)	거래소	제조업	전자부품, 컴퓨터, 영상, 음향 및 통신장비 제조업	-92	24,156	5,780
A159580	(주)제로투세븐	코스닥	제조업	도매 및 상품중개업	-408	60,135	11,700
A131370	알서포트(주)	코스닥	제조업	출판업	-463	53,787	3,040
A023150	(주)MH에탄올	거래소	제조업	음료 제조업	-188	52,789	8,150
A000500	가온전선(주)	거래소	제조업	전기장비 제조업	-350	262,714	26,650
A095270	(주)웨이브일렉트로닉스	코스닥	제조업	전자부품, 컴퓨터, 영상, 음향 및 통신장비 제조업	-481	30,100	14,350
A078160	메디포스트(주)	코스닥	제조업	의료용 물질 및 의약품 제조업	-1,851	116,577	72,400
A049800	(주)우진클라임	거래소	제조업	전자부품, 컴퓨터, 영상, 음향 및 통신장비 제조업	-171	82,745	4,580
A041960	(주)코미팜	코스닥	제조업	의료용 물질 및 의약품 제조업	-2,150	53,159	10,550
A031390	(주)녹십자셀	코스닥	제조업	도매 및 상품중개업	-2,251	36,747	44,050
A047080	(주)한빛소프트	코스닥	제조업	출판업	-1,164	17,849	10,400
A084010	대한제강(주)	거래소	제조업	1차 금속 제조업	-826	372,522	6,340
A011420	(주)아이비월드와이드	거래소	제조업	스포츠 및 오락관련 서비스업	-255	23,206	2,320
A085660	(주)차바이오텍	코스닥	제조업	의료용 물질 및 의약품 제조업	-4,333	297,225	15,100

[표9]

(3) 재무데이터와 가격데이터를 합치고, PER 정보 만들기

이 부분에서 회계지식이 필요합니다. 그렇지만 높은 수준의 지식을 필요로 하지 않습니다. 재무제표나 회계 책 한 권 정도만 읽어보시면 충분합니다.

기업이 어느 정도 저평가돼 있는지 구할 때는 사람마다 중요하게 생각하는 것이 조금씩 다릅니다. 그래서 사람마다 선택하는 지표가 조금씩 다를 수 있습니다.

가장 기초적인 PER, PBR로만 테스트를 해봐도 깜짝 놀랄 수익이 나옵니다. 물론 더 높은 수익을 내기 위해서 과거데이터로 테스트를 하기도 합니다. 가장 효과적인 방법을 찾기 위해 여러 가지 지표를 조합하는 방법도 있고, 지표를 조합할 때 가중치를 두기도 합니다.

회계를 잘 아는 분은 자신만의 지표를 만들기도 합니다. 회계계정 중 매입채무를 예로 들 수 있습니다. 매입채무는 물건을 사고 돈을 아직 지불하지 않은 것입니다. 돈을 지불해야 하기 때문에 부채이지만, 이자를 내는 것은 아닙니다. 우리가 공시를 통해서 보는 재무제표에서는 매입채무가 부채계정에 있습니다. 어떤 분은 매입채무를 부채에서 빼고 계산하기도 합니다. 이자를 내지 않는 돈을 부채라고 생각하지 않기 때문입니다. 물론 매입채무를 빼고 계산하는 것이 더 합리적이라 생각하고 테스트로 검증을 해보니 수익률도 더 좋았다고 합니다.

그런데 이런 재무데이터는 반쪽짜리 데이터입니다. 재무데이터와 가격데이터가 있어야 우리가 원하는 정보를 만들 수 있기 때문에 합쳐야 합니다. PER이나 PBR 등 지표 대부분은 가격이 필요합니다.

HTS에서 가격을 구하면 수정주가를 제공할 수도 있습니다. 그러면 액면분할이나 무상증자 등을 구분하지 못합니다. 이것을 잘 구분해야 우리가 원하는 정보를 구할 수 있습니다.

수익 PER	코드	회사명	시장	업종	산업명	지배주주 순이익 (201412) 누적	지배주주 지분 (201412) 누적
-7950.56	A059090	(주)미코	코스닥	제조업	전자부품, 컴퓨터, 영상, 음향 및 통신장비 제조업	-8	47,839
-3732.62	A036420	(주)제이콘텐트리	코스닥	제조업	전문서비스업	-63	89,968
-2170.25	A067080	대화제약(주)	코스닥	제조업	의료용 물질 및 의약품 제조업	-102	58,000
-1991.63	A200130	콜마비앤에이치(주)	코스닥	제조업	의료용 물질 및 의약품 제조업	-619	12,743
-889.96	A004990	롯데제과(주)	거래소	제조업	식료품 제조업	-2,851	2,482,855
-739.89	A046110	한일네트웍스(주)	코스닥	제조업	정보서비스업	-36	31,855
-677.62	A080220	(주)제주반도체	코스닥	제조업	전자부품, 컴퓨터, 영상, 음향 및 통신장비 제조업	-124	40,132
-590.06	A001570	(주)금양	거래소	제조업	화학물질 및 화학제품 제조업 ; 의약품 제외	-110	43,682
-546.19	A056080	(주)유진로봇	코스닥	제조업	기타 기계 및 장비 제조업	-241	25,065
-505.85	A065500	(주)오리엔트정공	코스닥	제조업	자동차 및 트레일러 제조법	-33	13,828
-496.19	A067290	제이더블유중외신약(주)	코스닥	제조업	금속가공제품 제조업 ; 기계 및 가구 제외	-527	42,578
-450.49	A024830	(주)세원물산	코스닥	제조업	자동차 및 트레일러 제조업	-194	172,094
-428.50	A068870	(주)엘지생명과학	거래소	제조업	의료용 물질 및 의약품 제조업	-2,101	249,115
-423.45	A086980	(주)미디어플렉스	코스닥	제조업	영상, 오디오 기록물 제작 및 배급업	-760	105,077
-416.41	A009470	삼화전기(주)	거래소	제조업	전자부품, 컴퓨터, 영상, 음향 및 통신장비 제조업	-92	24,156
-352.45	A159580	(주)제로투세븐	코스닥	제조업	도매 및 상품중개업	-408	60,135
-350.01	A131370	알서포트(주)	코스닥	제조업	출판업	-463	53,787
-320.69	A023150	(주)MH에탄올	거래소	제조업	음료 제조업	-188	52,789
-316.63	A000500	가온전선(주)	거래소	제조업	전기장비 제조업	-350	262,714
-316.63	A000500	가온전선(주)	거래소	제조업	전기장비 제조업	-350	262,714
-316.28	A095270	(주)웨이브일렉트로닉스	코스닥	제조업	전자부품, 컴퓨터, 영상, 음향 및 통신장비 제조업	-481	30,100
-281.80	A078160	메디포스트(주)	코스닥	제조업	의료용 물질 및 의약품 제조업	-1,851	116,577
-267.06	A049800	(주)우진클라임	거래소	제조업	전자부품, 컴퓨터, 영상, 음향 및 통신장비 제조업	-171	82,745
-254.03	A041960	(주)코미팜	코스닥	제조업	의료용 물질 및 의약품 제조업	-2,150	53,159
-228.91	A031390	(주)녹십자셀	코스닥	제조업	도매 및 상품중개업	-2,251	36,747
-206.52	A047080	(주)한빛소프트	코스닥	제조업	출판업	-1,164	17,849
-189.17	A084010	대한제강(주)	거래소	제조업	1차 금속 제조업	-826	372,522

[표10]

(4) 필요한 정보를 기준에 맞춰서 정렬하기

기업의 저평가된 순위를 구하는 것이므로 가장 저평가된 것부터 순위를 매깁니다.

수익 PER 순위	수익 PER	코드	회사명	시장	업종	산업명	지배주주 순이익 (201412) 누적	지배주주 지분 (201412) 누적
1	-7950.56	A059090	(주)미코	코스닥	제조업	전자부품, 컴퓨터, 영상, 음향 및 통신장비 제조업	-8	47,839
2	-3732.62	A036420	(주)제이콘텐트리	코스닥	제조업	전문서비스업	-63	89,968
3	-2170.25	A067080	대화제약(주)	코스닥	제조업	의료용 물질 및 의약품 제조업	-102	58,000
4	-1991.63	A200130	콜마비앤에이치(주)	코스닥	제조업	의료용 물질 및 의약품 제조업	-619	12,743
5	-889.96	A004990	롯데제과(주)	거래소	제조업	식료품 제조업	-2,851	2,482,855
6	-739.89	A046260	한일네트웍스(주)	코스닥	제조업	정보서비스업	-36	31,855
7	-677.62	A080220	(주)제주반도체	코스닥	제조업	전자부품, 컴퓨터, 영상, 음향 및 통신장비 제조업	-124	40,132
8	-590.06	A001570	(주)금양	거래소	제조업	화학물질 및 화학제품 제조업 ; 의약품 제외	-110	43,682
9	-546.19	A056080	(주)유진로봇	코스닥	제조업	기타 기계 및 장비 제조업	-241	25,065
10	-505.85	A065500	(주)오리엔트정공	코스닥	제조업	자동차 및 트레일러 제조법	-33	13,828
11	-496.19	A067290	제이더블유증외신약(주)	코스닥	제조업	금속가공제품 제조업 ; 기계 및 가구 제외	-527	42,578
12	-450.49	A024830	(주)세원물산	코스닥	제조업	자동차 및 트레일러 제조업	-194	172,094
13	-428.50	A068870	(주)엘지생명과학	거래소	제조업	의료용 물질 및 의약품 제조업	-2,101	249,115
14	-423.45	A086980	(주)미디어플렉스	코스닥	제조업	영상, 오디오 기록물 제작 및 배급업	-760	105,077
15	-416.41	A009470	삼화전기(주)	거래소	제조업	전자부품, 컴퓨터, 영상, 음향 및 통신장비 제조업	-92	24,156
16	-352.45	A159580	(주)제로투세븐	코스닥	제조업	도매 및 상품중개업	-408	60,135
17	-350.01	A131370	알서포트(주)	코스닥	제조업	출판업	-463	53,787
18	-320.69	A023150	(주)MH에탄올	거래소	제조업	음료 제조업	-188	52,789
19	-316.63	A000500	가온전선(주)	거래소	제조업	전기장비 제조업	-350	262,714
20	-316.28	A095270	(주)웨이브일렉트로닉스	코스닥	제조업	전자부품, 컴퓨터, 영상, 음향 및 통신장비 제조업	-481	30,100
21	-281.80	A078160	메디포스트(주)	코스닥	제조업	의료용 물질 및 의약품 제조업	-1,851	116,577
22	-267.06	A049800	(주)우진클라임	거래소	제조업	전자부품, 컴퓨터, 영상, 음향 및 통신장비 제조업	-171	82,745
23	-254.03	A041960	(주)코미팜	코스닥	제조업	의료용 물질 및 의약품 제조업	-2,150	53,159
24	-228.91	A031390	(주)녹십자셀	코스닥	제조업	도매 및 상품중개업	-2,251	36,747
25	-206.52	A047080	(주)한빛소프트	코스닥	제조업	출판업	-1,164	17,849
26	-189.13	A084010	대한제강(주)	거래소	제조업	1차 금속 제조업	-826	372,522
27	-178.34	A011420	(주)아이비월드와이드	거래소	제조업	스포츠 및 오락관련 서비스업	-255	23,206
28	-174.95	A085660	(주)차바이오텍	코스닥	제조업	의료용 물질 및 의약품 제조업	-4,333	297,225
29	-168.99	A007110	(주)일신석재	거래소	제조업	도매 및 상품중개업	-568	55,292

[표11]

(5) 비정상적인 오류 골라내기

지표를 보면 가끔 비정상적인 것들이 있습니다. PER이 2가 나오는 기업을 예로 들겠습니다. 이것은 2년 동안 번 돈으로 회사를 살수 있다는 이야기입니다. 엄청나게 저평가돼 있어 보이죠. 이런 경우는 대부분 오류입니다. 가끔 건물이나 토지를 팔아서 갑자기 수익이 증가한 일도 있을 수 있습니다. 즉 일회성이라는 이야기입니다. 주식

감자를 해서 자본금이 줄어들 수도 있습니다. 이런 것들은 제외시켜야 합니다.

극단적으로 저평가가 된 경우를 자세히 살펴보면 대부분 오류입니다. 따라서 일일이 확인해서 제외를 하던지, 기준을 만들어서 제외를 시켜야 합니다. 어떤 분은 PER이 3 이하는 제외하고, PBR도 0.3 이하는 제외합니다. 그보다 더 저평가가 돼 있으면 오류라 판단하는 것입니다. 이 책에서는 PER 3 이하는 오류라 판단해 제외하고 설명하겠습니다.

수익 PER 순위	수익 PER	코드	회사명	시장	업종	산업명	지배주주 순이익 (201412) 누적	지배주주 지분 (201412) 누적
x	1.12	A000700	(주)유수홀딩스	거래소	제조업	전문서비스업	215,462	191,041
x	1.31	A016880	(주)웅진홀딩스	거래소	제조업	전문서비스업	92,516	283,386
x	1.64	A007860	(주)서연	거래소	제조업	전문서비스업	213,917	429,575
x	1.94	A038500	동양시멘트(주)	코스닥	제조업	비금속 광물제품 제조업	326,910	570,083
x	2.51	A007460	(주)나라케이아이씨	거래소	제조업	금속가공제품 제조업 ; 기계 및 가구 제외	12,445	16,365
x	2.75	A042420	(주)네오위즈홀딩스	코스닥	제조업	전문서비스업	59,508	242,916
1	3.10	A013570	동양기전(주)	거래소	제조업	기타 기계 및 장비 제조업	52,031	277,374
2	3.12	A002240	고려제강(주)	거래소	제조업	1차 금속 제조업	298,553	1,384,111
3	3.22	A112040	(주)위메이드엔터테인먼트	코스닥	제조업	출판업	211,812	402,982
4	3.25	A014130	(주)한익스프레스	거래소	제조업	육상운송 및 파이프라인 운송업	18,351	45,579
5	3.69	A077360	덕산하이메탈(주)	코스닥	제조업	전자부품, 컴퓨터, 영상, 음향 및 통신장비 제조업	41,381	138,697
6	3.96	A072950	빛샘전자(주)	코스닥	제조업	전자부품, 컴퓨터, 영상, 음향 및 통신장비 제조업	6,277	45,623
7	4.01	A011720	현대페인트(주)	거래소	제조업	화학물질 및 화학제품 제조업 ; 의약품 제외	18,257	7,566
8	4.31	A064090	(주)휴바이론	코스닥	제조업	전자부품, 컴퓨터, 영상, 음향 및 통신장비 제조업	3,984	13,497
9	4.34	A005430	한국공항(주)	거래소	제조업	창고 및 운송관련 서비스업	28,011	265,760
10	4.92	A005380	현대자동차(주)	거래소	제조업	자동차 및 트레일러 제조업	7,346,807	57,654,828
11	4.94	A088790	(주)진도	거래소	제조업	도매 및 상품중개업	7,621	75,748
12	5.13	A012320	경동도시가스	거래소	제조업	전기, 가스, 증기 및 공기조절 공급업	72,964	555,954
13	5.31	A017370	(주)우신시스템	거래소	제조업	기타 기계 및 장비 제조업	12,092	91,140
14	5.48	A104120	(주)신성에프에이	거래소	제조업	기타 기계 및 장비 제조업	7,252	36,308
15	5.69	A017480	삼현철강(주)	코스닥	제조업	1차 금속 제조업	12,700	129,740
16	5.70	A005720	(주)넥센	거래소	제조업	전문서비스업	78,156	657,565
17	5.76	A039240	경남스틸(주)	코스닥	제조업	1차 금속 제조업	7,247	70,947
18	5.78	A032750	(주)삼진	코스닥	제조업	전자부품, 컴퓨터, 영상, 음향 및 통신장비 제조업	6,660	53,427
19	5.80	A063570	한국전자금융(주)	거래소	제조업	사업지원 서비스업	14,752	89,168
20	5.82	A010690	(주)화신	거래소	제조업	자동차 및 트레일러 제조업	43,977	375,887
21	5.84	A012860	(주)대동	거래소	제조업	자동차 및 트레일러 제조업	24,144	141,320
22	5.84	A015230	대창단조(주)	거래소	제조업	자동차 및 트레일러 제조업	18,550	131,542

[표12]

6) 저평가된 순서대로 20~30개 종목 고르기

비정상적인 지표를 골라내고 나면 투자할 종목을 선택합니다. 저평가된 순서대로 투자할 종목 수만큼 고르면 됩니다.

물론 종목을 선택할 때 응용하는 분도 있습니다. 예를 들면 30종목 중 한 업종이 15종목에 포함될 수 있습니다. 보통 한 개의 업종이 크게 하락하면서 저평가되는 것이기 때문에 업종마다 몇 종목 이상 포함되지 않도록 조정해줄 수도 있습니다. 분산을 통해 리스크를 줄이기 위해서 업종별 한도를 정하는 것입니다.

수익 PER 순위	수익 PER	코드	회사명	상승금액	상승률	주식증감	주식증감률
1	3.10	A013570	동양기전(주)	-1400	-17.88%	5696033	27.62%
2	3.12	A002240	고려제강(주)	-7300	-14.09%	0	0.00%
3	3.22	A112040	(주)위메이드엔터테인먼트	-9950	-24.54%	0	0.00%
4	3.25	A014130	(주)한익스프레스	89300	179.68%	0	0.00%
5	3.69	A077360	덕산하이메탈(주)	1310	14.90%	5333901	30.68%
6	3.96	A072950	빛샘전자(주)	2260	54.59%	0	0.00%
7	4.01	A011720	현대페인트(주)	1743	66.78%	2995160	10.69%
8	4.31	A064090	(주)휴바이론	3933	509.46%	1877160	8.43%
9	4.34	A005430	한국공항(주)	-5750	-14.97%	0	0.00%
10	4.92	A005380	현대자동차(주)	-14500	-8.84%	0	0.00%
11	4.94	A088700	(주)진도	545	14.51%	2423425	24.18%
12	5.13	A012320	(주)경동도시가스	-28700	-26.70%	0	0.00%
13	5.31	A017370	(주)우신시스템	-295	-6.75%	1509919	10.28%
14	5.48	A104120	(주)신성에프에이	1245	55.09%	100000	0.57%
15	5.69	A017480	삼현철강(주)	-705	-15.33%	0	0.00%
16	5.70	A005720	(주)넥센	-6100	-6.97%	0	0.00%
17	5.76	A039240	경남스틸(주)	2150	25.75%	0	0.00%
18	5.78	A032750	(주)삼진	2500	38.94%	0	0.00%
19	5.80	A063570	한국전자금융(주)	3500	106.38%	0	0.00%
20	5.82	A010690	(주)화신	-780	-10.64%	0	0.00%
21	5.84	A012860	(주)대현	-1655	-31.70%	0	0.00%
22	5.84	A015230	대창단조(주)	-13100	-24.17%	0	0.00%
23	5.93	A019540	(주)일지테크	-5790	-47.27%	0	0.00%
24	5.97	A023810	(주)인팩	-1850	-21.79%	0	0.00%
25	5.99	A000270	기아자동차(주)	2800	6.33%	0	0.00%
26	6.06	A053610	(주)프로텍	-1560	-15.62%	0	0.00%

27	6.06	A048430	(주)유라테크	-280	-3.29%	0	0.00%
28	6.14	A015750	(주)성우하이텍	-1620	-14.40%	0	0.00%
29	6.20	A034590	인천도시가스(주)	-3900	-11.75%	0	0.00%
30	6.26	A101330	(주)모베이스	-8800	-52.69%	2592000	20.00%

[표13]

(7) 1년 뒤 가격과 비교해서 얼마나 올랐나 확인하기

1년 뒤의 가격과 비교하면서 수익이 얼마나 됐는지 확인합니다. 30종목의 수익률을 평균 내면 투자 수익률을 구할 수 있습니다. 3개월마다 재무제표를 공시하기 때문에 3개월마다 매매하는 사람도 있습니다. 1년 만에 가격이 가치에 수렴하기에는 짧다고 생각하는 사람은 2년이나 3년으로 매매하는 경우도 있습니다. 저는 1년을 선호하는데 사람마다 선호하는 시기는 다릅니다.

가끔 매수한 종목 중에 테마에 엮여서 비정상적으로 급등하는 경우도 종종 발생합니다. 대선 테마, 바이오 테마, 북한 관련 테마 등 여러 가지 테마에 엮이는 경우가 종종 있는 것이죠. 보통 테마는 짧은 시간에 높은 상승을 보인 후 다시 빠르게 하락하는 경우가 대부분입니다. 그래서 매수한 종목이 테마와 엮이면 수익이 높을 때 청산하기도 합니다. 어떤 사람은 2배 상승하면 팔기도 하고, 또 다른 사람은 3배 상승하면 팔기도 합니다. 청산조건을 미리 정해 놓는 것도 좋은 방법입니다.

(8) 액면분할, 무상증자, 배당을 찾아내서 수정하기

지나치게 많이 손실이 난 종목을 보면 이상하단 생각이 들 수도 있습니다. 저도 90%나 손실이 난 종목이 있었습니다. 이상해서 검토를 해보니 액면분할을 하면서 주식수가 10배나 늘었습니다. 손실이라 여겼던 것이 오히려 수익이었습니다. 이런 오류들도 종종 있습니다.

오류 발생은 액면분할, 무상증자, 유상증자 등 주식수 변화에 관련된 것들이 주된 이유로 발생합니다. 따라서 매수할 때의 주식수와 1년 뒤의 주식수를 비교해야 합니다. 주식수가 늘거나 줄었으면 주가에 변화가 있었는지 확인해야 합니다. 이런 사항들은 공시를 보면 확인할 수 있습니다.

게다가 배당도 계산해야 합니다. 하지만 배당까지 찾아보려면 아주 번거롭습니다. 그래서 저는 배당을 매매할 때의 수수료와 세금과 비슷하고 생각하고 배당, 수수료, 세금을 전부 계산하지 않습니다. 저뿐만 아니라 다른 분들도 배당과 수수료를 상계하는 분들이 많습니다.

수익 PER 순위	수익 PER	코드	회사명	시장	상승률	주식증감	주식증감률
1	3.10	A013570	동양기전(주)	거래소	-17.88%	5696033	27.62%
2	3.12	A002240	고려제강(주)	거래소	-14.09%	0	0.00%
3	3.22	A112040	(주)위메이드엔터테인먼트	코스닥	-24.54%	0	0.00%
4	3.25	A014130	(주)한익스프레스	거래소	179.68%	0	0.00%
5	3.69	A077360	덕산하이메탈(주)	코스닥	14.90%	5333901	30.68%
6	3.96	A072950	빛샘전자(주)	거래소	54.59%	0	0.00%
7	4.01	A011720	현대페인트(주)	거래소	66.78%	2995160	10.69%
8	4.31	A064090	(주)휴바이론	코스닥	509.46%	1877160	8.43%
9	4.34	A005430	한국공항(주)	거래소	-14.97%	0	0.00%
10	4.92	A005380	현대자동차(주)	거래소	-8.84%	0	0.00%
11	4.94	A088790	(주)진도	거래소	14.51%	2423425	24.18%
12	5.13	A012320	(주)경동도시가스	거래소	-26.70%	0	0.00%
13	5.31	A017370	(주)우신시스템	거래소	-6.75%	1509919	10.28%
14	5.48	A104120	(주)신성에프에이	거래소	55.09%	100000	0.57%
15	5.69	A017480	삼현철강(주)	코스닥	-15.33%	0	0.00%
16	5.70	A005720	(주)넥센	거래소	-6.97%	0	0.00%
17	5.76	A039240	경남스틸(주)	코스닥	25.75%	0	0.00%

18	5.78	A032750	(주)삼진	코스닥	38.94%	0	0.00%
19	5.80	A063570	한국전자금융(주)	코스닥	106.38%	0	0.00%
20	5.82	A010690	(주)화신	거래소	-10.64%	0	0.00%
21	5.84	A012860	(주)대동	코스닥	-31.70%	0	0.00%
22	5.84	A015230	대창단조(주)	거래소	-24.17%	0	0.00%
23	5.93	A019540	(주)일지테크	코스닥	-47.27%	0	0.00%
24	5.97	A023810	(주)인팩	거래소	-21.79%	0	0.00%
25	5.99	A000270	기아자동차(주)	거래소	6.33%	0	0.00%
26	6.06	A053610	(주)프로텍	코스닥	-15.62%	0	0.00%
27	6.06	A048430	(주)유라테크	코스닥	-3.29%	0	0.00%
28	6.14	A015750	(주)성우하이텍	코스닥	-14.40%	0	0.00%
29	6.20	A034590	인천도시가스(주)	거래소	-11.75%	0	0.00%
30	6.26	A101330	(주)모베이스	코스닥	-43.25%	2592000	20.00%

[표14]

(9) 우리나라에서도 랭킹시스템으로 수익을 낼 수 있을까

테스트하면서 저 역시도 이렇게 간단한 논리로 수익을 낼 수 있을지 반신반의했습니다. 그런데 결과는 예상외로 좋았습니다.

수익 PER 순위	수익 PER	코드	회사명	시장	상승률	주식증감	주식증감률
1	3.10	A013570	동양기전(주)	거래소	-17.88%	5696033	27.62%
2	3.12	A002240	고려제강(주)	거래소	-14.09%	0	0.00%
3	3.22	A112040	(주)위메이드엔터테인먼트	코스닥	-24.54%	0	0.00%
4	3.25	A014130	(주)한익스프레스	거래소	179.68%	0	0.00%
5	3.69	A077360	덕산하이메탈(주)	코스닥	14.90%	5333901	30.68%
6	3.96	A072950	빛샘전자(주)	거래소	54.59%	0	0.00%
7	4.01	A011720	현대페인트(주)	거래소	66.78%	2995160	10.69%
8	4.31	A064090	(주)휴바이론	코스닥	509.46%	1877160	8.43%
9	4.34	A005430	한국공항(주)	거래소	-14.97%	0	0.00%
10	4.92	A005380	현대자동차(주)	거래소	-8.84%	0	0.00%
11	4.94	A088790	(주)진도	거래소	14.51%	2423425	24.18%
12	5.13	A012320	(주)경동도시가스	거래소	-26.70%	0	0.00%
13	5.31	A017370	(주)우신시스템	거래소	-6.75%	1509919	10.28%
14	5.48	A104120	(주)신성에프에이	거래소	55.09%	100000	0.57%
15	5.69	A017480	삼현철강(주)	코스닥	-15.33%	0	0.00%
16	5.70	A005720	(주)넥센	거래소	-6.97%	0	0.00%
17	5.76	A039290	경남스틸(주)	코스닥	25.75%	0	0.00%
18	5.78	A032750	(주)삼진	코스닥	38.94%	0	0.00%
19	5.80	A063570	한국전자금융(주)	코스닥	106.38%	0	0.00%

20	5.82	A010690	(주)화신	거래소	-10.64%	0	0.00%
21	5.84	A012860	(주)대동	코스닥	-31.70%	0	0.00%
22	5.84	A015230	대창단조(주)	거래소	-24.17%	0	0.00%
23	5.93	A019540	(주)일지테크	코스닥	-47.27%	0	0.00%
24	5.97	A023810	(주)인팩	거래소	-21.79%	0	0.00%
25	5.99	A000270	기아자동차(주)	거래소	6.33%	0	0.00%
26	6.06	A053610	(주)프로텍	코스닥	-15.62%	0	0.00%
27	6.06	A048430	(주)유라테크	코스닥	-3.29%	0	0.00%
28	6.14	A015750	(주)성우하이텍	코스닥	-14.40%	0	0.00%
29	6.20	A034590	인천도시가스(주)	거래소	-11.75%	0	0.00%
30	6.26	A101330	(주)모베이스	코스닥	-43.25%	2592000	20.00%
				합계	578.90%		
				평균수익	19.30%		

[표15]

이 테스트는 아주 러프하게 진행했습니다.

표의 1전략과 2전략은 PER만을 이용했습니다. 3전략과 4전략은 PBR만을 이용했습니다. 물론 비정상적인 종목들은 제외했습니다. PER과 PBR만 이용해서 만든 전략도 큰 수익을 낼 수 있었습니다만, 조금 더 안정적으로 수익을 내려면 다른 지표를 더 첨가하는 것도 나쁘지 않은 방법입니다.

다른 전략으로 테스트를 해봐도 결과는 마찬가

	1전략	2전략	3전략	4전략
2005	42%	43%	66%	70%
2006	39%	38%	50%	43%
2007	40%	32%	33%	37%
2008	-37%	-40%	-42%	-37%
2009	54%	54%	37%	46%
2010	51%	41%	12%	7%
2011	45%	51%	30%	27%
2012	16%	15%	24%	22%
2013	20%	24%	29%	27%
2014	44%	34%	52%	48%
2015	40%	18%	8%	13%

[표16]

마법공식을 한국시장에 적용한 결과		
구분	마법공식	KOSPI
2001	64.7%	32.6%
2002	10.9%	-9.5%
2003	50.0%	29.2%
2004	25.8%	10.5%
2005	87.8%	54.0%
2006	5.5%	4.0%
2007	28.5%	32.3%
2008	-49.6%	-40.7%
2009	61.3%	49.7%
2010	5.8%	11.3%
누적 수익률	645.9%	257.9%
2007, 2008년을 제외하고 코스피 대비 수익률이 높음		
기간 : 2001년 4월 ~ 2010년 9월 / 자료 : 웅진루카스투자자문		

[표17]

지로 좋았습니다.

2001년 4월부터 2010년 9월까지의 표는 목이균 웅진루카스투자자문 대표가 〈매경이코노미〉에 게재한 칼럼에 나온 내용을 보겠습니다. 웅진루카스투자자문에서 테스트를 한 결과인데, 여기서는 앞서 언급한 조엘 그린블라트의 마법공식을 이용했습니다. 저평가된 종목을 찾을 때 조금 더 정교한 방법으로 하고, 순위를 구해서 20~30개 종목에 투자한 방법은 제가 한 테스트와 같습니다.

퀀트 랭킹시스템 전략은 우리나라에서도 높은 수익을 내는 방법임이 틀림없습니다.

TIP BOX 이익을 많이 내고, 주가가 싼 기업을 골라라

투자 대가와의 가상대담 | 목이균 대표와 조엘 그린블라트

"그냥 두 가지만 있으면 된다." '마법공식의 사나이'로 불리는 조엘 그린블라트의 말이다. 그는 오직 두 가지 분석지표만 사용해 17년간(1988년부터 2004년까지) 연평균 30%가 넘는 수익률을 달성했다. 그리고 이를 '마법공식'이라 불렀다. 그가 쓴 두 지표는 자본수익률과 기업가치수익률이다. 자본수익률은 세전영업이익(EBIT)을 투입유형자본(순운전자본+순고정자산)으로 나눈 값이고 기업가치수익률은 EBIT를 기업가치(주가시가총액+순이자부담부채)로 나눈 수치다. 이 두 가지 변수 값이 높은 종목에 투자했을 경우 시장 평균보다 월등히 높은 수익률을 냈다는 게 핵심이다.

조엘 그린블라트와 대담을 나눌 국내 금융인은 목이균 웅진루카스투자자

조엘 그린블라트
목이균 웅진루카스투자자문 대표

문 대표(60)다. 목 대표는 1973년부터 30년 넘게 증권업계에 몸담아온 베테랑이다. 럭키투자증권(현 우리투자증권)을 시작으로 한국신용평가 이사, 한셋투자자문 상무, 코리아오메가투자자문 대표이사를 거쳐 2008년부터 웅진루카스투자자문을 이끌고 있다. 업계 최초로 수익을 내지 못하면 수수료를 받지 않는 후취수수료제를 도입해주목을 받았다. 이 가상대담은 목이균 대표의 인터뷰를 토대로 조엘 그린블라트 관한 저서와 인터넷 자료 등을 참고해 썼음을 밝혀둔다.

목이균 대표 당신의 마법공식 얘길 안 할 수 없습니다. 어떻게 이 공식을 생각하게 되신 거죠?

조엘 그린블라트 저는 30년 가까이 전문 투자가로 활동해왔어요. 그런데 주식으로 돈 번 사람이 주변에 거의 없더라고요. 개인 투자자는 물론 배울 만큼 배운 투자 고수들도 성공적인 투자 성과를 거두지 못해 좌절하는 경우를 숱하게 봤어요. '왜 그럴까'에서 고민이 시작된 거죠. '누구나 쉽게 종목을 골라 낮은 리스크로 시장 평균을 능가

할 수 있는 새로운 공식이 없을까?' '현재뿐 아니라 미래까지도 효과를 발휘할 수 있는 유연성 있는 공식이 있으면 좋겠다'라고 생각하게 됐죠.

목 대표 마법공식은 자본수익률과 기업가치수익률 순위를 합한 뒤 상위 30개 종목에 투자하는 방식인데, 두 변수를 고른 이유가 궁금하네요.

그린블라트 상식적으로 접근했어요. 보통 주식에 투자할 때 그 회사가 좋고 주식 가격이 싸면 사게 되잖아요. 두 가지 지표도 그 기준으로 만들어진 겁니다. 자본수익률이 높은 회사는 상대적으로 적은 비용을 투자해 많은 이익을 내는 회사를 말합니다. 또한 기업가치수익률이 좋은 회사는 투자자들이 비교적 싸게 사서 높은 수익을 얻고 팔 수 있는 회사지요. 이 두 가지가 제가 보는 투자하기 좋은 회사의 기준입니다. 이 기준에 따라 각각 제일 좋은 순서대로 순위를 매기죠. 마법공식은 바로 그 두 가지 등수를 조합하는 공식입니다. 공식을 보면 이익 대신 EBIT를 사용했는데요. 그 이유는 기업마다 부채와 세율이 다르기 때문입니다. EBIT를 사용하면 왜곡하지 않고 여러 기업의 영업이익을 서로 비교해 볼 수 있거든요.

목 대표 기업가치 비율에서 분모에 주가시가총액과 순이자부담부채를 쓴 것이 독특합니다.

그린블라트 기업가치 비율은 시가총액과 비교해 해당 기업이 돈을 얼마나 버는지를 나타내주는 지표인데요. 저는 이를 이익수익률로 불러요. 보통 이익수익률이라고 하면 기업의 최근 12개월 주당순이익을 주가로 나누어 계산하는데요(주가수익비율의 역수). 여기에 저는 조금 조정을 가했어요. 기업가치는 회사의 주가뿐 아니라 이익을 내기 위해 사용한 부채규모도 포함된다고 봤거든요. 단순히, 수익주가비율만 보는 것은 부채를 고려하지 않은 것이기에 잘못됐다고 봐요. 전 목 대표님의 투자 방법이 궁금하네요.

목 대 표 저는 가치투자를 밑바탕으로 하되 수익을 높이기 위해 종목의 종류와 비중에는 특별히 제한을 두지 않는 편입니다. 즉, '편견이 배제된 유연함'이 웅진루카스 제1의 투자 원칙이죠. 당신의 투자법은 기존에 저가 주식을 찾아서 오랫동안 보유하는 가치 투자자와도 상당히 다른 것 같습니다.

그린블라트 저도 가치 투자자라 싼 주식을 사서 장기 보유하는 것을 추구하죠. 다만 요즘에 과거처럼 싼 주식을 찾기가 어렵습니다. 그래서 전 상대적으로 이익을 많이 내고 싼 주식을 20~30개씩 사서 장기 보유하는 방법을 택했죠. 단, 여기서 개별 기업 주식을 장기 보유하는 것으로 오해하면 안 됩니다. 전 마법공식을 적용한 포트폴리오의 평균수익을 추구하는 것이기 때문에 20~30개 기업을 사는 것입니다. 포트폴리오를 구성한 뒤 개별 주식은 1년 동안 보유한 후에 매도합니다. 주가가 상승한 주식은 1년이 지난 후 팔고 하락한 주식은 1년이 되기 전에 팝니다. 그렇게 마법공식에 따라 포트폴리오를 3년에서 5년 장기적으로 가져가는 것입니다.

목 대 표 단순하면서도 상당히 과학적이네요.

그린블라트 사실 마법공식은 언제나 성공적이진 않습니다. 17년을 두고 수익률을

[그림13]

연구해보니 평균적으로 12개월 가운데 5개월은 시장수익률보다 못하더군요. 4년에 1년 꼴로 시장에 뒤진 셈이죠. 여기에 마법공식의 숨은 비결이 있습니다. 적어도 3년에서 5년 정도 꾸준히 마법공식에 따라 장기 투자를 해야 한다는 얘깁니다.

목 대표 저도 당신의 마법공식을 한국시장에 적용해 봤습니다. 2001년 4월부터 올해 9월까지 해봤습니다. 아니나 다를까. 시장수익률을 크게 앞지르더군요. 코스피 누적 수익률이 257.9%인데 반해 마법공식 수익률은 654.9%였으니까요. 국내 기관투자가의 운용수익률보다 더 좋은 결과였습니다. 물론 중간에 몇 년간은 시장 대비 수익률이 좋지 않더라고요. 2007년, 2008년이 그랬습니다. 이때가 마침 금융위기가 터진 시기고요. 역시 결론은 원칙을 갖는 장기 투자가 답이라는 걸 깨달았습니다. 그래서 당신의 마법공식을 바탕으로 우리 회사의 전략을 가미한 운용모델을 만들었어요. 조만간 상품 출시를 앞두고 있답니다. 얘길 들어보시겠어요? 투자 상품도 크게 둘로 나눴어요. 하나는 당신이 제시한 방법과 원칙을 그대로 따라 고른 종목을 장기 투자할 생각이고 다른 하나는 마법공식을 기초로 나머지 10% 정도는 저희 나름대로의 마켓타이밍기법 또는 종목선별기법을 가미해 수익률을 더 높일 계획입니다.

그린블라트 좋은 시도신데요. 마법공식은 자유경제 주식시장을 보유한 나라라면 어디에서든 효력을 발휘합니다. 앞으로 좋은 결과가 있을 것으로 기대되는데요. 제 공식을 적용해 보니 눈에 띄는 종목들이 있던가요?

목 대표 마법공식에 근거해 나온 종목들 중에서는 현대미포조선, 빅솔론 등이 꼽혔습니다. 개인적으론 조선(기아차), 자동차, 화학업종을 좋게 보고 있어요.

그린블라트 현 증시에서 투자한다면 어떻게 하실 생각이신가요?

목 대표 경기회복의 큰 흐름 속에서 경기선행지수가 미세 하락조정을 나타내고 있지만 내년 초에는 재차 상승할 것으로 보입니다. 올해에 이어 기업실적도 견조한 상승세를 보일 것으로 예상하고 있어요. 미국의 경기회복과 달러 약세를 정책목표로 하고 있는 양적완화조치는 한국을 비롯한 신흥국시장의 유동성 장세를 유지시킬 것으로 전망합니다. 다만, 내년 국내 증시에 대해선 조금 조심스러워요. 올해와 같은 상승세가 이어지는 시황이 아닐 것으로 봅니다. 늘 유동성 장세의 말미에는 버블이 생기고 버블의 종말은 항상 큰 상처가 생기니까요. 이렇게 시장에서 경제와 실적에 대해 우려감이 나타날 때 당신의 투자 철학으로 투자하면 저평가된 우량한 기업에 투자를 할 수 있는 기회를 얻을 것으로 봅니다.

• 그린블라트의 마법공식으로 주식 고르는 법 •

1단계 기업 규모를 선택한다(개인 투자자는 대부분 시가총액 5,000만달러(약 550억 원) 이상 혹은 1억달러(1,100억 원) 이상 기업이면 충분하다).

2단계 마법공식에 따라 최상위 등수가 매겨진 기업의 리스트를 얻는다.

3단계 최상위 5~7개 주식을 구매한다. 처음에는 1년 동안 투자하려는 돈의 20~33%만 투자한다.

4단계 마법공식 포트폴리오에 투자하기로 마음먹은 돈을 모두 투자할 때까지 2~3개월마다 4단계를 반복한다. 9~10개월 후면, 20~30개 기업의 주식으로 된 포트폴리오를 만들 수 있다(가령, 3개월마다 7개 주식 혹은 2개월마다 5~6개 주식매수).

5단계 각각의 주식은 1년 동안 보유한 후에 매도한다. 주가가 상승한 주식은 1년이 지난 후 팔고 하락한 주식은 1년이 되기 전에 판다.

6단계 이 과정을 수년 동안 계속한다. 실적이 좋건 나쁘건 이 과정을 적어도 3년 내지 5년 동안 계속하겠다는 결의가 있어야 한다.

〈매경이코노미〉 제1581호, 목이균 대표, 2010.11.17

3.
퀀트를
응용한 방법

1) 상대평가와 절대평가

랭킹시스템은 상대평가방식을 사용합니다. 가장 저평가된 순서대로 투자를 하는 방식이죠. 하지만 절대평가를 사용하는 사람도 있습니다.

예를 들면 'PER 5 이하, PBR 0.6 이하, 최근 3년간 흑자를 기록한 회사'에 투자하겠다고 생각하는 사람이 있습니다. 이 조건이 되는 기업이 나타날 때까지 투자하지 않고 기다리는 것입니다. 그리고 시장이 폭락하면서 이 조건에 부합되는 종목이 나타나면 그때 투자하는 겁니다.

보통 절대평가는 상대평가보다 더 안전합니다. 절대평가의 조건을 까다롭게 만들기 때문입니다. 그래서 시장이 좋을 때는 투자할 종목이 없기도 합니다. 어떤 회계사는 "상대평가는 시장보다 높은 수익을 내지만, 우리나라가 일본처럼 주식시장이 20년간 하락한다면 주식시장보다 적긴 하겠지만 손실이 날 수밖에 없다"고 말합니다. 그래서 "일본을 따라가는 우리나라 입장에서는 더 안전한 절대수익 평가방식이 더 좋은 방법"이라고 합니다.

2) 데이터의 가공에서 응용

회계지식이 있다면 재무데이터를 가공할 수 있습니다. 앞서 매출채권을 가공한 예를 말씀드렸습니다. 몇몇 팀들은 이렇게 자신이 더 정확하다고 생각하는 방법으로 재무데이터를 가공하고 있습니다. 회계를 더 깊게 공부할수록 더욱 합리적인 방법을 찾을 수 있을 것입니다.

4.
퀀트의
단점과 보완책

---

1) 일본처럼 주식시장이 계속 하락한다면

일본은 '잃어버린 10년' 혹은 '잃어버린 20년'을 겪었다고 이야기를 합니다. 버블경제가 붕괴되면서 자산시장이 오랫동안 하락했고, 주식시장 역시 계속 하락했습니다.

차트를 한번 살펴보겠습니다. 이 차트는 월봉입니다. 1990년 고점을 찍고 난 후 전 아직도 고점을 회복하지 못하고 있습니다. 특히 1990년에는 3만 9,000을 찍었는데 2003년에는 7,600까지 하락했습니다.

시장이 하락하는 동안은 어떤 주식 전략도 수익을 내지는 못했을 것입니다. 물론 퀀트 전략 역시 손실을 봤을 것입니다.

[그림14]

[그림15]

이 차트는 5년 치를 나타내고 있습니다. 1990년에 투자했다면, 몇 년 동안 본전을 회복하기 어려웠을 것입니다. 아쉽게 일본에서 퀀트 랭킹시스템으로 투자한 데이터를 찾을 수가 없었습니다.

만약 끊임없이 하락하던 시기에 일본주식으로 퀀트 랭킹시스템을 활용해 투자했다면 어땠을까요? 아마 상당한 손실을 봤을 것입니다. 제가 만난 한 회계사는 퀀트 랭킹시스템이 좋다는 것은 잘 알고 있지만, 이 방법을 사용하지 않는 이유에 대해서 '일본'이라고 답했습니다.

우리나라는 일본의 산업과 경제를 뒤따라갔고, 인구구조 역시 일본처럼 고령화가 심각하게 진행되고 있습니다. 그렇기 때문에 주가도 일본처럼 장기침체가 될 가능성이 높다고 판단할 수 있습니다. 그래서 어떤 분들은 상대평가인 랭킹시스템보다 절대평가로 투자하고 있습니다.

결국 주식시장이 계속 하락한다면, 퀀트 랭킹시스템으로 투자를 해도 손실을 볼 수밖에 없습니다. 랭킹시스템은 상대평가입니다. 상대적으로 저평가가 된 종목을 찾는 것입니다. 모든 주식이 나쁘다면, 나쁜 것 중에서 그나마 덜 나쁜 것을 고르는 게 상대평가입니다. 결국 손실이 덜 하다 뿐이지 손실을 피할 수 있는 것은 아닙니다. 실제로 우리나라 시장에서도 과거데이터로 테스트를 해보면 2008년에 큰 손실을 입었습니다.

그래서인지 제가 퀀트 전략을 소개하거나 권하면, 우리나라 주식시장이 일본처럼 되면 어떻게 손실을 피할 수 있는지 묻는 분들이 무척 많았습니다.

[그림16]

앞의 그림은 미국 주식시장의 차트입니다. 미국 주식시장은 몇 번의 위기는 있었지만, 지금까지 계속 오르고 있습니다. 이런 시장에서 퀀트 랭킹시스템이 가장 높은 성과를 낸 것은 당연한 일일지도 모릅니다. 퀀트 랭킹시스템이 미국에서 나와서 발진한 배경은 주식시장의 지속적인 상승이 아닐까 싶습니다.

랭킹시스템은 주식시장의 수익률보다 상대적으로 더 높은 수익률을 낸다는 것이지 항상 수익을 낸다는 의미는 아닙니다. 주식시장이 30% 하락했을 때 랭킹시스템이 20% 하락했다면 주식시장보다 더 높은 수익률이겠지만, 어쨌든 손실이 나는 것입니다.

결국 주식시장이 붕괴된다면 퀀트 랭킹시스템도 손실을 피할 수는 없습니다.

2) 일본 같은 경우라도 수익을 내는 상호보완 전략

주식시장이 크게 하락하면 퀀트 랭킹시스템도 손실을 피할 수는 없습니다. 하지만 이럴 때도 수익을 내는 방법이 있습니다. 그 전략의 핵심은 랭킹시스템이 주식시장보다 대부분 높은 수익률을 낸다는 데 있습니다.

랭킹시스템 전략을 운용하면서 한 가지 전략을 같이 운용하는 방법이 있습니다. 랭킹시스템 전략이 손실이 날 때 다른 전략에서 수익이 나게 만드는 것입니다. 이렇게 두 개의 전략이 서로를 보완해주는 상호보완 전략을 만들면, 주식시장이 하락해도 수익을 낼 수 있습니다.

예를 들어 A 전략은 1년을 지켜보면 수익이 나지만, 가끔 한 번의 큰 손실을 입는다고 가정하겠습니다. 반대로 B 전략은 1년을 지켜보면 수익은 나지 않지만, A 전략이 큰 손실이 날 때 큰 수익을 낸다고

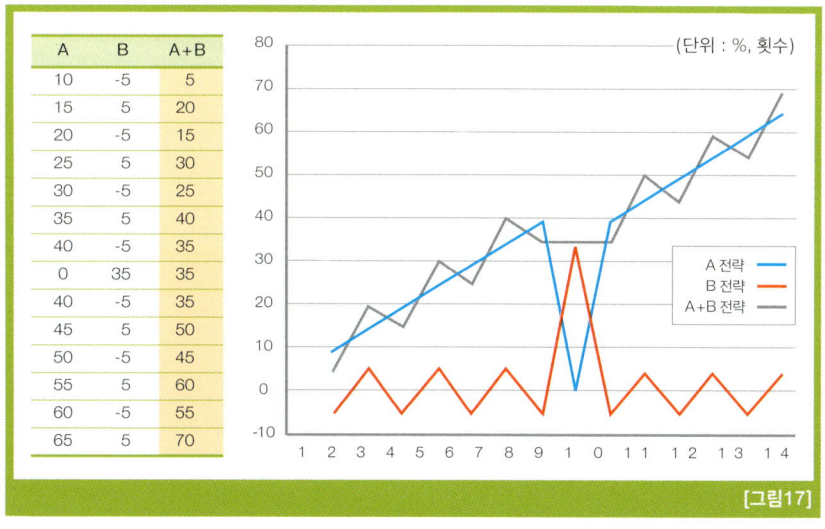

[그림17]

가정하겠습니다. 이때 중요한 것은 A 전략과 B 전략이 서로 수익과 손실이 보완적이라는 것입니다. 즉 한쪽에서 손실이 날 때 다른 쪽에서는 수익이 나야 합니다.

두 전략을 합쳐서 AB 전략으로 만들면 안정적인 수익을 만들 수 있습니다.

그림을 보면 A 전략은 수익은 나지만 손익의 변동이 크다는 단점이 있습니다. 사람들이 투자를 하다가 손실이 날 때 포기할 것입니다. 반면 B 전략은 손실과 수익을 반복합니다. 아쉽게 1년 동안 수익이 나지 않습니다. 하지만 A 전략이 손실이 날 때 큰 수익이 납니다.

그러니 A 전략과 B 전략을 동시에 운용한다면 A 전략만큼의 수익을 안정적으로 얻을 수가 있습니다. 이것이 상호보완 전략입니다.

그런데 상호보완 전략을 사용하려면 수익이 나는 좋은 전략이 있어야 하고, 그 전략과 손익이 반대인 전략이 있어야 합니다. 퀀트 랭킹시스템은 수익이 높은 좋은 전략이고, 다행스럽게 손익이 반대인 롱숏 전략과 커버드 콜 전략이 있습니다. 따라서 퀀트 랭킹시스템 전략과 손익이 반대인 전략을 동시에 사용하면 안정적인 수익을 낼 수 있습니다.

그럼 이제 퀀트 전략과 손익이 반대로 나는 롱숏 전략·커버드 콜 전략에 대해서 알아보겠습니다.

QUANT STOCK

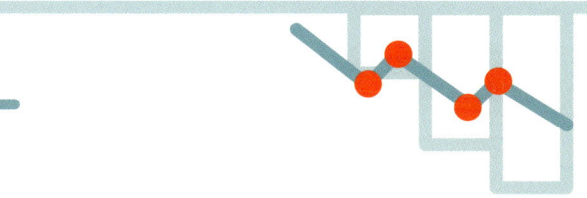

3부

롱숏 전략

롱숏 전략이란

롱숏 전략은 롱 전략과 숏 전략을 동시에 사용하는 전략을 의미합니다.

롱 전략은 주식시장(투자 대상)이 상승하면 수익이 나는 전략을 말하고, 숏 전략은 주식시장(투자 대상)이 하락하면 수익이 나는 전략을 의미합니다.

주식을 매수하고 주식시장이 상승하면 수익이 납니다. 선물을 매수하고 선물이 상승하면 수익이 납니다. 이것이 롱 전략입니다. 주식을 매수하거나 선물을 매수하면 롱포지션을 가지고 있다고 이야기합니다.

주식을 공매도하고 주식시장이 하락하면 수익이 납니다. 선물을 매도하고 선물이 하락하면 수익이 납니다. 이것을 숏 전략이라고 합니다. 이런 포지션을 가지고 있으면 숏포지션을 가지고 있다고 말합니다.

롱숏 전략은 두 개의 투자 대상 중 한 개는 롱 전략(매수)를 하고, 다른 한 개는 숏 전략(매도)를 하는 전략입니다. 롱 전략의 손익과 숏 전략의 손익을 합치면 롱숏 전략의 손익이 됩니다. 보통 롱 전략에서 수익이 나면 숏 전략에서 손실이 나고, 롱 전략에서 손실이 나면 숏 전략에서 수익이 나는 대칭구조를 보이는 경우가 많습니다.

롱 전략으로 주식을 매수하고, 숏 전략으로 선물을 매도를 하면 주식선물 롱숏 전략이 됩니다. 예를 들어 현대차 주식을 매수해서 롱 전략을 만들고, 기아차 주식을 공매도해서 숏 전략을 만들면 현대차 기아차 롱숏 전략이 됩니다. 금선물을 매수해서 롱 전략을 만들고, 은선물을 매도해서 숏 전략을 만들어 금-은 롱숏 전략이 됩니다. 원유선물을 매수하고 천연가스선물을 매도해서 원유가스 롱숏 전략도 만들 수 있습니다. 롱숏 전략은 이처럼 다양한 형태로 만들 수 있습니다.

2.
상품선물
롱숏 전략의 예

먼저 상품선물 롱숏 전략의 예를 들겠습니다. 먼저 금속 분야에서 일하는 친구에게 귀금속 가격이 오를 가능성이 높다는 이야기를 들었다고 가정하겠습니다. 이 친구의 말이 맞다고 하면, 금이나 은을 사면 수익을 낼 수 있습니다. 친구는 은보다는 금이 더 오를 것이라고 이야기를 해줬습니다.

그럼 우리가 알고 있는 것을 정리해 보겠습니다.

> 1 귀금속 가격이 전반적으로 오를 것이다.
> 2 금이 은보다 더 오를 것이다.

우리가 선택할 수 있는 합리적인 투자법은 귀금속을 사는 것이고, 은보다는 금을 사는 것입니다. 그러면 가장 높은 수익을 얻을 수 있습니다. 우리는 합리적으로 결정해서 금(선물)을 1억 원어치 매수를 했습니다.

이후 친구의 판단처럼 금은 50%가 올랐고, 은은 30%가 올랐습니다. 1억 원어치 금(선물)을 샀으니까 1억 5,000만 원이 됐습니다. 엄청난 돈을 번 것입니다.

그 친구가 이번에는 구리와 철의 가격이 오를 것이라고 알려줬습니다. 이번엔 철보다는 구리가 더 오를 것이라고 알려줬습니다.

우리가 알고 있는 것을 다시 정리해보겠습니다.

> 1 금속 가격이 전반적으로 오를 것이다.
> 2 구리가 철보다 더 오를 것이다.

이번에도 이 정보를 합리적으로 생각해보겠습니다. 금속 가격이 오를 가능성이 높다고 하니 금속을 사야 됩니다. 그리고 구리가 철보다 더 오를 것이니 구리를 사는 게 합리적입니다. 그래서 우리는 구리(선물)을 1억 원어치 매수를 했습니다.

그런데 이번에는 친구의 판단이 틀려서 구리가 30%가 하락했고, 철도 50%가 하락했습니다. 1억 원어치 구리(선물)를 산 것이 7,000만 원이 됐습니다. 크게 손해를 봤습니다.

	금 가격	은 가격
예측	큰 상승	작은 상승
실제 변동률	+50%	+30%
실제 투자	1억 원 매수	
실제 수익금	5,000만 원 수익	
실제 수익	5,000만 원 수익	

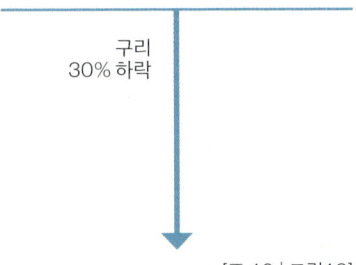

[표18 | 그림18]

	구리 가격	철 가격
예측	큰 상승	작은 상승
실제 변동률	-30%	-50%
실제 투자	1억 원 매수	
실제 수익금	3,000만 원 손실	
실제 수익	3,000만 원 손실	

[표 19 | 그림19]

위의 두 가지 사례는 롱(매수) 전략만 사용했을 때를 이야기한 것입니다. 예측이 맞으면 큰 수익을 내고, 예측이 틀리면 큰 손실을 보게 됩니다. 이게 롱 전략이나 숏 전략처럼 한 가지 전략만 사용할 때의 특징입니다. 손익의 변동성이 높아지고, 수익이 날 확률도 떨어지게 되는 것이죠.

이것을 롱숏 전략으로 만들면 어떨까요?

귀금속 가격이 오를 것이라는 정보를 들었지만, 예상과 반대로 하락하면 큰 손실을 입게 됩니다. 귀금속이 전반적으로 오르면 금도 오르고 은도 오르겠지만, 금이 은보다 더 많이 오를 확률이 높다고 분석했습니다.

롱숏 전략은 더 좋아질 것을 매수하고, 덜 좋아질 것을 매도하는 전략입니다. 혹은 덜 나빠질 것을 매수하고, 더 나빠질 것을 매도하는 전략입니다. 당연히 금(선물)을 1억 원어치 매수하고, 은(선물)을 1억 원어치 매도합니다. 이렇게 금은 롱숏 전략을 만들었습니다.

금은 50%, 은은 30%가 올랐습니다. 금에서 5,000만 원의 수익이 발생했고, 은에서 3,000만 원의 손실이 발생했습니다. 금과 은의 손익을 합치면 2,000만 원의 수익이 발생했습니다.

	금 가격	은 가격
예측	큰 상승	작은 상승
실제 변동률	+50%	+30%
실제 투자	1억 원매수	1억 원매도
실제 수익금	5,000만 원 수익	3,000만 원 손실
실제 수익	2,000만 원 수익	

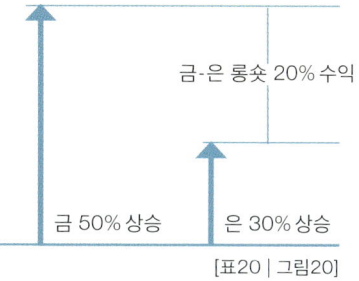

[표20 | 그림20]

이번엔 구리와 철의 예를 보겠습니다.

금속 가격이 오를 것이고, 구리가 철보다 더 많이 오를 것으로 예상했습니다.

롱숏 전략은 더 좋아질 구리(선물)를 1억 원어치 매수하고, 철(선물)을 1억 원어치를 매도합니다. 이번에는 예상이 틀려서 금속 가격이 하락했습니다. 구리에서 3,000만 원의 손실이 발생했습니다. 하지만 다행히 철에서 5,000만 원의 수익이 발생했습니다. 구리와 철의 손익을 합치면 2,000만 원의 수익이 발생합니다.

	구리 가격	철 가격
예측	큰 상승	작은 상승
실제 변동률	-30%	-50%
실제 투자	1억 원 매수	1억 원 매도
실제 수익금	3,000만 원 손실	5,000만 원 수익
실제 수익	2,000만 원 수익	

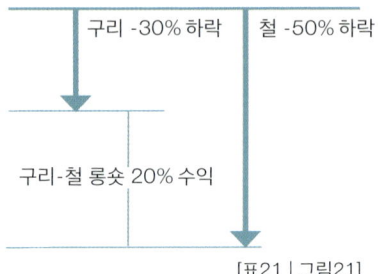

[표21 | 그림21]

매수나 공매도의 손익은 종목의 상승과 하락에서 나옵니다. 그렇기 때문에 종목이 크게 상승하거나 하락하면 수익이나 손실이 커집니다. 보통 시장이나 종목이 빠르고 크게 움직일 때는 손익의 변동성도 덩달아 커지게 됩니다.

롱숏 전략의 손익은 두 종목의 괴리, 상관관계에서 나옵니다. 롱포지션(매수한 종목)이 숏포지션(공매도한 종목)보다 더 많이 오른 만큼 수익이 됩니다. 물론 롱포지션보다 숏포지션이 더 오르면 손실입니다. 이 경우에도 롱포지션과 숏포지션의 차이만큼 손실이죠. 하지만 롱숏 전략은 비슷하게 움직이는 종목 중에서 더 좋은 것을 매수하고, 덜 좋은 것을 매도하기 때문에 시장 전반에 관한 예측이 틀리더라도 손실을 피할 수 있고, 오히려 수익을 얻을 수도 있습니다.

주식
롱숏 전략의 예

우리는 자동차 업황이 좋아질 것이라 예상했습니다. 그리고 주식 투자로 수익을 내기로 했습니다. 그리고 수익을 내기 위해서 현대차 주식이나 기아차 주식을 살 것입니다. 자동차 업황이 좋아진다면 자동차 업종 회사들의 수익이 증가할 것이고, 관련 주식들이 오를 거라 판단할 것입니다. 현대차를 살지 기아차를 살지 고민하겠지만, 자동차 업황이 좋아지면 두 종목 중 어느 종목을 사더라도 수익은 날 것입니다.

반대로 자동차 업황이 나빠질 것이라 예상한다면 어떻게 해야 할까요? 현대차 주식과 기아차 주식을 공매도하면 됩니다. 주가가 하락할수록 수익이 크게 날 것입니다. 물론 예측과 반대로 주가가 상승하면 손실이 납니다. 주가가 크게 상승할수록 손실도 커집니다. 이렇게 롱 전략과 숏 전략은 예상이 맞으면 수익이 크게 나고, 예상이 틀리면 손실도 크게 나는 구조입니다.

만약 자동차 업종에 대한 예측을 하지 않을 수 있다면 어떨까요? 자동차 업종이 좋아질지, 나빠질지는 예측해도 맞추기는 어렵습니다. 그런데 만약 우리가 현대차의 신차가 기아차의 신차보다 더 좋아서 많이 팔린다는 사실을 알고 있다고 가정하겠습니다. 경기가 좋아져서 자동차가 많이 팔리더라도 현대차가 기아차보다 더 많이 팔릴 것 같고, 경기가 나빠져서 사람들이 자동차를 덜 사더라도 기아차의 판매 대수가 현대차보다 더 많이 줄어들 것 같다면 어떻게 해야 할까요?

이럴 경우에는 현대차를 매수하고, 기아차를 공매도하면 됩니다. 현대차는 롱포지션을 가져가고, 기아차 숏포지션을 가져가는 것입니다. 이것이 바로 롱숏 전략입니다. 상대적으로 좋아질 것을 매수하고, 상대적으로 나빠질 것을 매도하면, 두 종목의 주가 차이(스프레드)에 의해서 수익이 변합니다. 수익이 '주가가 얼마나 상승했느냐'에서 '두 종목의 주가 차이가 얼마나 벌어졌느냐'로 바뀌는 것이죠. 아래 현대차와 기아차의 롱숏은 두 개의 종목으로 만들어봤습니다.

	현대차 가격	기아차 가격
예측	현대차가 기아차보다 낫다	
실제 변동률	- 15%	- 30%
실제 투자	1억 원 매수	1억 원 매도
실제 수익금	1,500만 원 손실	3,000만 원 수익
실제 수익	1,500만 원 수익	

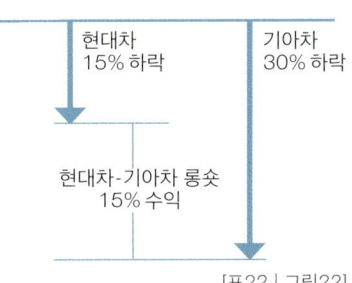

[표22 | 그림22]

업종과
시장 롱숏 전략의 예

이번에는 업종과 시장의 괴리로 롱숏을 만들어보겠습니다.

우리는 우리나라의 경제가 더욱 나빠질 것이라고 생각합니다. 따라서 종합주가지수는 하락할 것이라고 예상합니다. 그런데 1인 가구가 증가하면서 수혜를 받는 편의점 업종은 좋아지거나 그나마 덜 나빠질 것 같다고 판단하는 상황입니다. 그러면 어떻게 투자해야 할까요?

편의점 주식만 사는 롱 전략을 취하면 편의점 업종이 좋아지면 수익이 나겠지만, 전체 시장이 나빠진다면 편의점 주식 역시 그나마 덜 나빠질 뿐이지 수익이 나지는 않을 것입니다. 이럴 때 우리는 롱숏 전략을 이용해야 합니다.

일단 상대적으로 좋을 것 같은 편의점 주식을 매수합니다. 그리고 상대적으로 나빠질 것 같은 우리나라 종합주가지수를 매도합니다. 실제로는 편의점 업종에 포함된 주식, 편의점에 관련된 주식을 찾아냅니다. 그리고 각 기업들의 시가총액 비중을 계산해서 투자할 돈을 그 비율대로 매수하면 됩니다.

현재 우리 주식시장에 상장된 편의점 주식은 두 종목이 있습니다. BGF리테일과 GS리테일입니다. 아쉽게 세븐일레븐코리아는 상장을 하지 않아서 거래할 수 없습니다.

BGF리테일과 GS리테일의 시가총액을 보겠습니다. BGF리테일은 5조 2,892억 원, GS리테일은 3조 8,808억 원입니다. 두 종목을 더한 것이 합이 편의점 업종 전체(세븐일레븐은 상장하지 않았기 때문에 제외)라고 생각하겠습니다. 이렇게 보면 편의점 업종의 시가총액은 9조 1,700억 원입니다.

편의점 업종 중 BGF리테일은 58%, GS리테일은 42%의 비중을 차지합니다. 6,250만 원이 있다면 BGF리테일에 3,625만 원, GS리테일에 2,625만 원을 투자하면 됩니다. 왜 6,250만 원인지는 숏 전략에서 말씀드리겠습니다.

이제 롱 전략은 세팅이 끝났습니다. 이번엔 숏 전략을 해보겠습니다.

사실 종합주가지수를 매도하는 것은 불가능합니다. 그래서 우리는 KOSPI200지수선물을 매도합니다. KOSPI200은 종합주가지수의

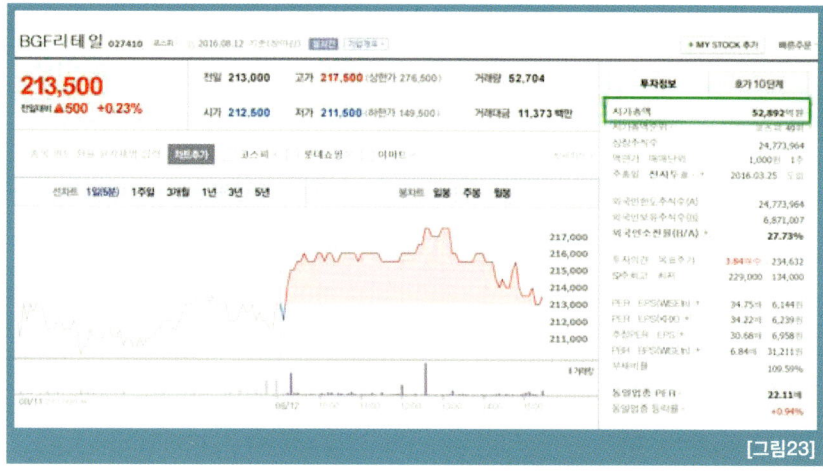

[그림23]

[그림24]

2,000여 개 종목 중 업종별로 나눠서 200개의 우량주를 고른 후 시가총액비율로 구성한 지수입니다. KOSPI200지수는 종합주가지수와 거의 비슷하게 움직입니다. 따라서 KOSPI200선물을 사고 팔면 주식시장 전체를 사고 파는 것과 비슷한 효과를 냅니다.

현재 KOSPI200지수선물은 250 정도 입니다. 선물은 1포인트를

3부 롱숏 전략   115

25만 원으로 만들었습니다. 지수가 250이면 6,250만 원입니다. 즉 선물 1개를 매도하면 6,250만 원으로 200개의 주식을 골고루매도 하는 것과 같습니다. 즉 6,250만 원어치 주식을 매도하는 것과 같습니다.

이렇게 선물 1개를 매도하면서 숏 전략의 세팅도 끝났습니다. 이번엔 롱 전략과 숏 전략을 합쳐 보겠습니다.

6,250만 원으로 BGF리테일을 3,625만 원, GS리테일은 2,625만 원어치를 매수합니다. 선물 1계약은 250에 매도합니다.

이제 편의점 롱 주식시장 숏 전략이 완성됐습니다. 그리고 1년 뒤, 혹은 몇 년 뒤에 우리의 예상 외로 호황이 됐다고 가정하겠습니다.

편의점 업종은 300% 수익이

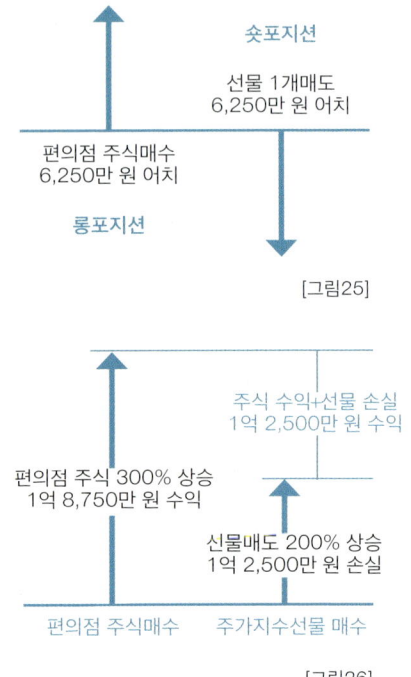

[그림25]

[그림26]

	편의점 주식 평균	주식시장(KOPSI200선물)매도
상승률	300%	200%
실제 수익률	+300%	-200%
실제 투자	6,250만 원 매수	1계약(6,250만 원 매도)
실제 수익금	1억 8,750만 원 수익	1억 2,500만 원 손실
실제 총 수익금	6,250만 원 수익	

[표23]

났고, KOSPI200지수는 750까지 200%가 올랐습니다. 그렇다면 수익은 300 - 200 = 100%입니다. 수익은 편의점 주식을 산 금액의 100%인 6,250만 원입니다.

이번엔 반대로 1년 뒤, 혹은 몇 년 뒤에 예상대로 불황이 왔다고 가정하겠습니다. 편의점 업종은 30%, KOSPI200지수는 125까지 50%가 하락했습니다.

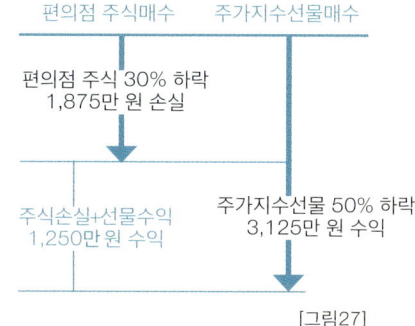

[그림27]

그렇다면 수익은 (-30%) - (-50%) = 20%입니다. 편의점 주식을 산 금액의 20%인 1,250만 원이 수익이 됩니다.

	편의점 주식 평균	주식시장(KOPSI200선물)매도
상승률	- 30%	- 50%
실제 수익률	- 30%	+50%
실제 투자	6,250만 원매수	1계약(6,250만 원매도)
실제 수익금	1,875만 원 손실	3,125만 원 수익
실제 총 수익금	1,250만 원 수익	

[표24]

그런데 이때 예상외로 편의점 업종보다 전체 주식시장이 더 오르면 어떨까요? 편의점 업종은 20%가 올랐는데, KOSPI200지수가 375까지 50% 상승했다면 어떨까요?

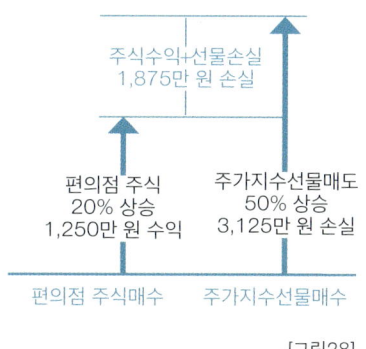

[그림28]

3부 롱숏 전략

117

그렇게 되면 주식에서 1,250만 원의 수익을 거두지만 주가지수선물에서 3,125만 원의 손실을 입습니다. 총 1,875만 원의 손실을 내게 되는 것이죠.

	편의점 주식 매수	주식시장(KOPSI200선물)매도
상승률	20%	50%
실제 수익률	+20%	-50%
실제 투자	6,250만 원매수	1계약(6,250만 원매도)
실제 수익금	1,250만 원 수익	3,125만 원 손실
실제 총 수익금	1,875만 원 손실	

[표25]

업종과 시장으로 롱숏 전략을 구성하는 것도 어렵지 않습니다. 우리가 매수한 주식이 하락하더라도 매도한 지수선물이 더 하락하면 수익이라는 점이 롱숏 전략의 매력입니다. 투자할 때 투자 대상이 오를 것인가 내릴 것인가에서 두 개의 투자 대상 중 '어느 것이 더 좋아질 것인가'로 투자의 관점을 바꾸는 게 핵심입니다.

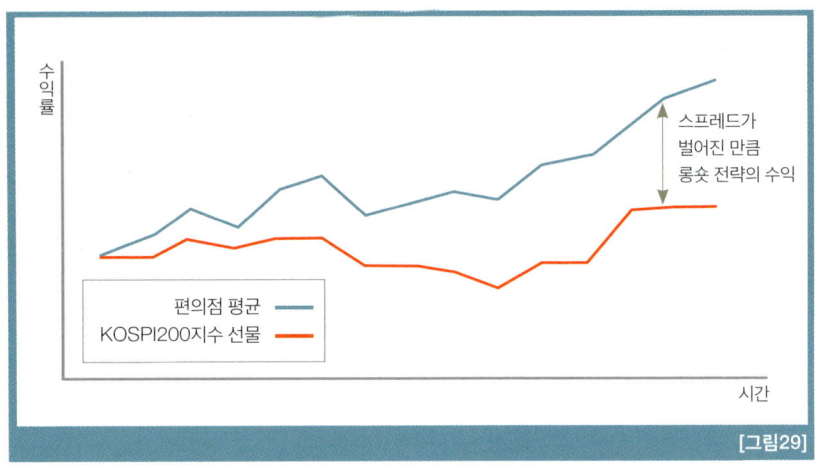

[그림29]

물론 매수한 주식보다 매도한 지수선물이 더 오르면 손실을 볼 수 있다는 점은 꼭 유의해야 합니다.

그렇다면 우리나라 종합주가지수와 미국의 다우지수로 롱숏을 만들면 어떨까요? 한 나라의 지수와 다른 나라의 지수로 롱숏을 만들 수도 있습니다.

1980년을 기준으로 롱숏 전략을 취한 그래프와 금융위기가 끝난 2009년부터 롱숏 그래프를 보겠습니다.

[그림30]

1980년부터 보면 미국과 우리나라는 비슷하게 움직였습니다. 우리나라는 큰 성장을 했다가 멈추면서 IMF를 맞게 됐고, 미국은 계속 성장했습니다. 최근에는 미국이 더 많이 올랐습니다. 하지만 롱숏을 할 만큼 어느 한쪽이 우월하지는 않습니다.

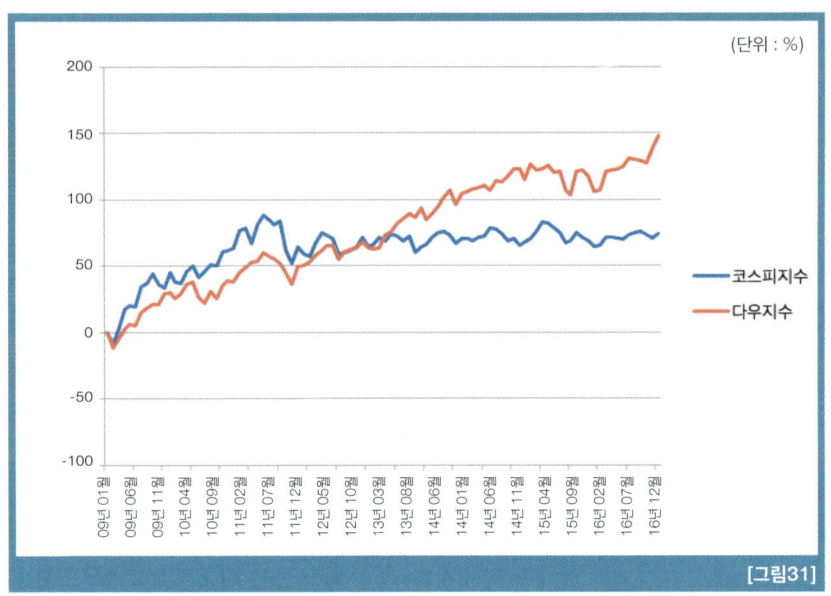

[그림31]

　　우리나라와 미국의 주식시장이 동조화돼 비슷하게 움직이긴 하지만, 어느 한쪽이 언제나 더 오르는 일은 없어 보입니다. 구간마다 우리나라의 시장이 더 오를 때도 있고, 미국시장이 더 오를 때도 있는 정도입니다.

5. 롱숏 전략을 하는 이유

롱숏 전략을 하는 이유는 안정적인 수익을 얻을 수 있기 때문입니다. 여기서 말하는 안정적인 수익이란 높은 수익을 말하는 것이 아닙니다. 수익을 올릴 확률을 높이고, 손익의 변동성을 줄이는 것을 의미합니다.

앞의 금은 롱숏 전략과 구리철 롱숏 전략을 다시 살펴보겠습니다.

	금 가격	은 가격
예측	큰 상승	작은 상승
실제 변동률	+50%	+30%
실제 투자	1억 원매수	1억 원매도

실제 수익금	5,000만 원 수익	3000만 원 손실
실제 수익	2,000만 원 수익	

[표26]

	구리 가격	철 가격
예측	큰 상승	작은 상승
실제 변동률	- 30%	- 50%
실제 투자	1억 원매수	1억 원매도
실제 수익금	3,000만 원 손실	5,000만 원 수익
실제 수익	2,000만 원 수익	

[표27]

금에 투자했을 때는 예측이 맞아서 높은 수익을 냈습니다. 하지만 구리에 투자했을 때는 예측이 틀려서 큰 손실을 입게 됩니다. 앞서 말씀드린 것처럼 손익의 변동성이 커지면 사람들은 투자를 포기하게 됩니다.

금은 롱숏 전략은 금만 매수했을 때보다 수익은 작습니다. 하지만 구리철 롱숏은 구리만 매수했을 때보다 훨씬 더 좋은 결과를 가져갑니다. 이렇게 승률을 높이고 손익의 변동성을 낮추는 것이 바로 롱숏 전략의 목표입니다.

6.
롱숏 전략의 장단점

 롱숏 전략은 두 개의 투자 대상 중 한 가지는 롱포지션을 취하고, 다른 한 가지는 숏포지션을 취하는 전략입니다. 지금까지의 투자는 얼만큼 올랐느냐 혹은 얼만큼 하락했느냐로 수익을 결정했습니다. 이제 롱숏을 쓰면서 두 가지 투자 대상의 수익률의 차이만큼 수익이 되는 구조로 바뀌었습니다.
 수익의 구조가 바뀌면서 손익의 변동성은 크게 줄어들었습니다. 특히 투자 대상이 비슷한 움직임을 보이는 것일수록, 상관관계가 높을수록 손익의 변동성은 줄어듭니다.

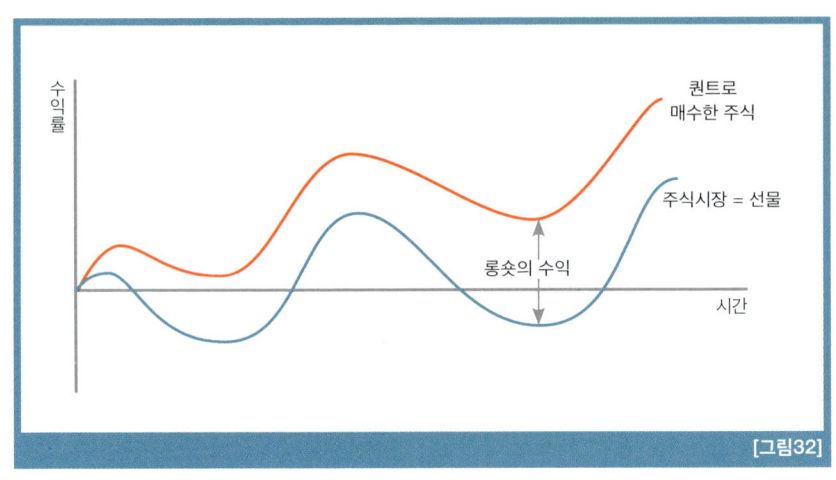

[그림32]

하지만 단점도 있습니다. 숏포지션을 취할 수 있는 대상이 제한적이라는 것입니다. 사실 퀀트를 공부하면 누구나 떠오르는 전략이 있습니다. 퀀트로 종목들을 저평가와 고평가로 나눈 뒤에 저평가된 주식종목들을 매수하고, 고평가된 종목을 공매도해서 롱숏 전략을 만드는 것입니다.

저평가된 종목은 상승하면서, 고평가된 종목은 하락하면서 정상으로 돌아갈 것입니다. 매수한 종목이 상승하고, 매도한 종목이 하락하면 두 군데서 수익이 나기 때문에 큰 수익을 기대할 수 있을 것입니다.

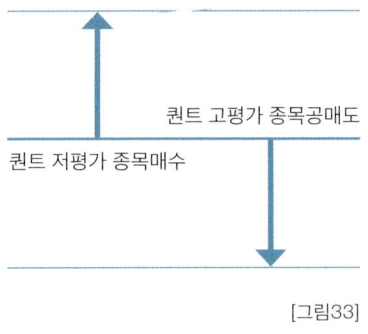

[그림33]

하지만 개인이 주식을 공매도하기는 어렵습니다. 그래서 이 전략은 실제로 할 수 없는 전략입니다. 실제로는 파생상품인 선물을 이용한 숏포지션만이 가능하기 때문에 주식 종목 간의 롱숏은 불가능합니다.

증권맨에게 듣는 주식 롱숏 자문사 이야기
: 주식 공매도와 주식 롱숏 전략

보유하지 않은 주식을 미리 매도하고 나중에 사서 넣는 경우를 공매도라고 합니다.

우리가 눈여겨 본 주식이 1만 원에 거래되고 있다고 가정하겠습니다. 우리는 이 기업의 신제품이 시장에서 외면받고 있다는 사실을 알고 있습니다. 그래서 주식을 빌려와서 1만 원에 공매도합니다. 역시나 주가가 하락해서 5,000원이 됐습니다. 5,000원에 다시 주식을 사서 주식을 빌려준 사람에게 되돌려줍니다.

이렇게 하면 우리는 5,000원의 수익을 얻을 수 있습니다. 보통 주식으로 수익을 내는 방법은 주가가 올라야 하는데, 공매도를 하면 주가가 하락해도 수익을 낼 수 있습니다. 하지만 개인 투자자에게 공매도는 매우 생소합니다. 실제로 공매도를 하는 개인은 극히 드뭅니다.

그 이유는 한 가지입니다. 주식을 빌리기가 쉽지 않기 때문입니다.

주식을 다른 사람에게 빌려서 공매도하는 경우를 차입공매도라고 하고, 빌리지 않고 공매도하는 것을 무차입공매도라 합니다. 우리나라에서는 무차입공매도를 허용하고 있지 않습니다. 따라서 우리는 누군가에게 주식을 빌려서 공매도해야 합니다. 결국 주식을 공매도하기 위해서는 다른 누군가로부터 주식을 빌려야 하며, 주식을 빌리는 방법에는 주식대차거래와 대주거래가 있습니다.

주식대차거래란 기관 투자자 또는 외국인 투자자가 증권금융, 예탁결제원, 증권

회사 등의 중개로 연기금, 은행, 보험회사, 자산운용회사 등이 보유하고 있는 주식을 빌리는 이른바 기관 간의 거래입니다. 증권사에는 대차거래만 중계하는 직원이 따로 있습니다.

대주거래는 개인 투자자가 공매도를 위해 증권회사에서 직접 주식을 빌리는 개인 투자자와 증권회사 간의 거래입니다. HTS를 보면 대주거래를 할 수 있는 화면이 있지만, 대주거래를 할 수 있는 종목도 적고 수량도 미미합니다.

그러면 저평가된 기업을 매수하고, 고평가된 기업을 공매도하면 어떨까요? 혹시 직관적으로 높은 수익을 낼 것이라 판단하신 분이 있을지도 모르겠습니다.

기업의 주가는 결국 적정가치를 찾아가기 마련입니다. 저평가된 기업은 올라갈 것이고, 고평가된 기업은 내려가면서 적정가치를 찾을 것입니다. 이걸 퀀트로 저평가된 종목을 찾아내고 고평가된 종목을 찾아낸다면 손쉽게 수익을 낼 수 있을 것입니다. 물론 테스트를 해봐도 무척 좋은 결과를 확인할 수 있었습니다.

실제로 롱숏펀드에서 이런 방법을 많이 하고 있습니다. 하지만 의외로 손실을 보는 경우가 종종 있습니다. 증권사에서 롱숏펀드에 주식을 빌려주는 업무를 하는 지인이 이런 현상에 대해서 설명해준 이야기가 있습니다. 내용을 요약하면 아래와 같습니다.

롱숏펀드가 잘 되려면 원하는 종목들을 원활하게 빌려와서 매도를 할 수 있어야 합니다. 하지만 주식을 빌리는 것은 기관도 쉽지 않습니다. 삼성전자 같은 대형주는 쉽게 빌릴 수 있겠지만, 시가총액이 작은 기업들이 주식을 원하는 만큼 빌리는 것은 사실상 불가능합니다.

비용의 문제도 있습니다. 주식을 매수할 때는 증권사에 매매수수료만 내면 되지만, 주식을 빌려올 때는 매매수수료 이외에 주식을 가지고 있는 사람에게 비용을 지불해야 합니다. 특히 부실의 징후가 있는 회사는 빌리는 비용도 비싸집니다. 만약 주식을 빌려오는 데 연 12%의 비용을 지불해야 한다면, 그 주식이 12%가 하락해야 겨우 본전입니다. 주식마다 빌리는 비용이 다르지만 거래가 잘 안 되는 주식, 하락할 것 같은 주식들을 빌리는 비용은 비쌉니다.

증권사에서 근무하는 친한 후배가 있습니다. 그 후배는 롱숏펀드에 공매도할 주식을 연결해주는 업무를 담당하고 있습니다. 한참 롱숏펀드가 활성화될 때 후배가 이런 이야기를 했습니다.

자문사에서 10종목을 골라서 공매도가 가능한지 물어옵니다. 여기저기 찾아봐도 3종목 정도만 공매도가 가능하다고 하면, 자문사에서 다시 새로운 종목 10개를 문의합니다. 공매도하고 싶은 기업의 순위를 만들어서 위에서부터 계속 내려오면서 금액을 맞추는 것입니다. 이런 방법으로 공매도가 가능한 주식을 찾다 보니 처음에 구성했던 포지션과는 많이 다른 포지션이 된다고 합니다.

만약 매수한 주식이 100억 원인데 공매도한 주식을 50억 원밖에 찾지 못하면, 매수와 매도의 균형이 달라지기도 합니다. 물론 다른 펀드와 경쟁을 해야 하니 수익을 위해서 매수와 매도를 비대칭으로 만드는 경우도 있습니다. 이런 이유들로 손실이 나는 롱숏펀드가 종종 발생하는 것입니다.

저는 주식과 주식의 롱숏 전략에 관한 연구는 중단했습니다. 시뮬레이션으로는 수익률이 아주 화려했지만, 실제로 실행할 수 없는 전략이기 때문입니다. 언젠가 공매도가 자유롭게 된다면 다시 연구를 해볼 생각이 있지만, 지금은 큰 의미가 없는 것 같습니다.

7.

파생상품 알아보기
: 선물매도

 앞서 말했듯이 개인이 주식을 공매도하는 것은 상당히 어렵습니다. 숏포지션을 하려고 할 때 주식을 공매도하는 것을 제외하면, 주가지수선물을 매도하거나 콜옵션을 매도하는 것이 거의 유일한 방법입니다.

 여기서 말하는 주가지수선물과 콜옵션은 파생상품이라고 합니다. 그럼 이번엔 이 파생상품에 대해 알아보겠습니다.

 파생상품이란 그 가치가 기초상품(파생상품의 가치의 근간이 되는 상품, 우리나라에서는 KOSPI200을 의미)의 가치에서 파생되는 계약입니다. 기초상품의 가치가 변동함에 따라 파생상품의 가치도 연동돼 변합니다.

　KOSPI200지수는 한국을 대표하는 200개 기업의 시가총액을 지수화한 것입니다. 이것은 주가지수선물과 옵션을 거래할 때의 기초자산이 됩니다. 유가증권시장의 전 종목 가운데 시장 대표성, 유동성, 업종 대표성(9개 업종)을 선정 기준으로 해서 시가총액이 상위군에 속하고 거래량이 많은 종목을 선정합니다. 상장종목수의 20%밖에 되지 않으나 전 종목 시가총액의 70%를 차지해 종합주가지수의 움직임과 비슷합니다. 이들의 시가총액이 1990년 1월 3일 기준으로 얼마나 변했는가를 나타내는 것으로, 1994년 6월부터 발표하고 있습니다.

　선물은 파생상품의 한 종류로 미리 결정된 가격과 미래 일정시점(만기)에 인도, 인수할 것을 약속하는 거래를 선물거래라고 합니다. 정의를 보면 쉽게 이해하기는 어렵지만, 거래를 직접 해보면 쉽게 알 수 있습니다. 만기에 선물은 KOSPI200지수와 같은 값으로 결제받게 됩니다. 따라서 시장이 움직이는 내내 선물은 KOSPI200지수와 비슷하게 따라가게 되죠.

　파생상품에는 증거금제도가 있습니다. 선물과 옵션의 증거금은 조금 다르지만, 이것은 뒷부분에서 커버드 콜 전략을 다룰 때 이야기하겠습니다.

TIP BOX   KOSPI200선물매도의 의미

KOSPI200주가지수선물을 매도한다는 것은 주식시장 전체를 매도한다는 의미입니다. KOSPI200지수는 상장된 주식 중 200종목으로 구성돼 있지만 200개 주식의 시가총액이 전체 상장된 주식 시가총액의 70% 이상이 됩니다. 따라서 KOSPI200지수를 매도하면 거래소 주식시장 전체를 매도한 효과를 얻을 수 있습니다.

선물 1계약을 매도한다는 것은 KOSPI200지수 250일 때 6,250만 원을 매도한다는 의미입니다. KOSPI200주가지수선물은 1포인트당 25만 원의 승수를 가집니다. 따라서 250일 때는 6,250만 원이고 200일 때는 5,000만 원, 300일 때는 7,500만 원을 매도한다는 의미입니다.

KOSPI200지수가 250일 때 선물 2계약을 매도한다면 거래소주식시장 전체를 1억 2,500만 원어치를 매도한다는 뜻이 됩니다.

롱숏 전략을 만들기 위해 필요한 조건

롱숏 전략은 두 개의 투자 대상의 수익률 차이를 통해 수익을 내는 전략입니다. 롱숏 전략을 만들려면 두 가지 조건이 필요합니다.

첫 번째는 두 개의 투자 대상 중 한 개가 나머지보다 상대적으로 수익률이 좋아야 합니다. 그런데 보통 두 가지 투자 대상의 수익률이 명확하게 차이가 나는 경우는 드뭅니다. 잠시 동안은 차이가 날 수 있지만 시간이 지나면 수익률이 역전되는 경우도 많습니다. 거래소와 코스닥으로 롱숏을 테스트한 결과를 보면 알 수 있는 것처럼 말입니다.

두 번째로 상대적으로 나쁜 투자 대상으로 숏포지션을 만들 수 있어야 합니다. 숏포지션을 만들 수 없다면 실제로 할 수 없습니다. 퀀트로 저평가된 주식과 고평가된 주식을 나눠 롱숏을 만들 수 없는 이유가 이것입니다. 실제로 명확하게 나쁜 주식들은 공매도를 하기 어려우며, 관리종목도 공매도를 할 수 없습니다.

퀀트 랭킹시스템과 선물 롱숏은 이 두 가지 조건을 만족합니다. 여러 구간을 테스트해봤더니 퀀트 랭킹시스템은 주식시장보다 상대적으로 높은 수익률을 보였습니다. 그런데 주식시장은 선물을 매도하면 숏포지션도 만들 수 있습니다. 따라서 퀀트 랭킹시스템으로 주식을 매수하고 선물을 매도하면 롱숏 전략을 만들 수 있습니다.

퀀트 랭킹시스템매수와 선물매도로 만든 롱숏 전략은 서로 상호보완을 해주면서 수익을 '주식매수와 주가지수선물매도의 매도한 것의 차이'로 변환해줍니다. 그래서 손익의 변동성이 줄어든 안정적인 수익을 낼 수 있습니다.

표로 나타내면 다음과 같습니다.

	퀀트 랭킹시스템 (주식매수)	주식시장매도 (선물매도)	롱숏 전략 수익구조
시장 상승	⇧⇧	⇧	⇧⇧ - ⇧ = ⇧
시장 보합	⇧	0	⇧ - 0 = ⇧
시장 하락	⇩	⇩⇩	⇩ - ⇩⇩ = ⇧

[표28]

거래소와 코스닥 롱숏 전략이 안 되는 이유

우리나라에는 주식시장은 거래소시장과 코스닥시장으로 구분됩니다. 거래소에 상장된 회사들은 대체로 크고 오래된, 안정성이 비교적 높은 회사들입니다. 코스닥에 등록된 회사들은 주로 성장성이 높은 회사들이죠.

종합주가지수와 코스닥지수로 롱숏을 구성해본다면 어떨까요? 두 지수 모두 선물이 있으니 선물로 롱숏을 구성할 수 있습니다. 여기서는 계산의 편의성을 위해서 두 지수를 거래하는 것처럼 계산하겠습니다.

코스닥은 1996년 7월 1일 개장했으니 그때부터 지금까지의 수익을 비교해보겠습니다. 먼저 1996년 7월 1일부터 2015년 12월 30일까지 수익률을 살펴보도록 하겠습니다.

	1996년 7월 1일	2015년 12월 30일	수익률
종합주가지수	833.79	1961.31	135.23%
코스닥지수	1,000.00	578.42	-42.16%

[표29]

만일 종합주가지수를 매수했다면 135%의 수익을 냈을 것이고, 코스닥지수를 매수했다면 42%의 손실을 냈을 것입니다. 20년 동안을 본다면 종합주가지수가 더 훌륭한 성과를 냈습니다.

롱숏을 만들 때 첫 번째 조건이 투자 대상 중 한 개가 나머지보다 상대적으로 수익률이 좋아야 한다는 것인데, 종합주가지수와 코스닥지수가 그 조건을 충족합니다.

다시 수익률을 1년 단위로 나눠서 보겠습니다.

연도	거래소 연초 지수	거래소 연말 지수	연간 수익률	코스닥 연초 지수	코스닥 연말 지수	연간 수익률	롱숏 수익
1996	833.79	651.22	-21.90	1,000.00	1,204.70	20.47	-42.37
1997	653.79	376.31	-42.44	1195.10	972.50	-18.63	-23.81
1998	385.49	562.46	45.91	983.90	751.80	-23.59	69.50
1999	587.57	1028.70	74.97	764.00	2561.40	235.26	-160.29
2000	1059.04	504.62	-52.35	2660.00	525.80	-80.23	27.88
2001	520.95	693.70	33.16	557.00	722.10	29.64	3.52
2002	724.95	627.55	-13.44	744.70	443.60	-40.43	26.99
2003	635.17	810.71	27.64	466.00	448.70	-3.71	31.35
2004	821.26	895.92	9.09	451.40	380.33	-15.74	24.83
2005	893.71	919.61	2.90	390.40	460.62	17.99	-15.09
2006	1389.27	1434.46	3.25	727.07	606.15	-16.63	19.88
2007	1435.26	1897.13	32.18	608.72	704.23	15.69	16.49
2008	1853.45	1124.47	-39.33	707.12	332.05	-53.04	13.71
2009	1157.40	1682.77	45.39	339.76	513.57	51.16	-5.77
2010	1696.14	2051.00	20.92	528.09	510.69	-3.29	24.21
2011	2070.08	1825.74	-11.80	518.05	500.18	-3.45	-8.35
2012	1826.37	1997.05	9.35	506.79	496.32	-2.07	11.42
2013	2031.10	2011.34	-0.97	501.61	499.99	-0.32	-0.65
2014	1967.19	1970.42	0.16	496.28	523.07	5.40	-5.24
2015	1926.44	1961.31	-0.29	533.73	578.42	4.46	-4.75

[표30]

이 중 1996년과 1999년을 보면 아마 대부분은 깜짝 놀라실 겁니다. 1996년에 종합주가지수가 21%가 하락했지만, 코스닥지수는 오히려 20%가 상승했기 때문이죠. 1999년은 더욱 심각합니다. 종합주가지수가 75%가 상승했는데, 코스닥지수는 235%가 상승했습니다. 종합주가지수와 코스닥지수로 롱숏을 했다면 1999년에는 원금보다 더 큰 손실(160%)을 입게 된 것이죠.

롱숏 전략을 하기 위해서는 기간 대부분 롱포지션이 상대적으로 좋은 수익을 보여야 합니다. 일시적이라도 숏포지션을 취한 대상이 너무 좋은 결과를 내면 롱숏 전략은 큰 손실을 입게 됩니다. 결국 두 개의 투자 대상이 비슷하게 움직여야 안정적인 투자가 되는 것입니다.

   종합주가지수와 코스닥지수를 보면, 거래소와 코스닥 두 지수가 비슷하게 움직이지 않는다는 사실을 파악할 수 있습니다. 두 지수는 우리나라의 주식들로 구성됐는데 움직임이 비슷하지 않다는 게 의외일 수도 있습니다. 이렇게 우리는 롱숏을 하기 전에는 충분하게 검증해야 한다는 결론에 도달할 수 있습니다.

9.

퀀트 랭킹시스템
선물 롱숏을 만드는 방법

퀀트 랭킹시스템과 선물으로 롱숏 전략을 만들어보겠습니다.

앞서 나온 것처럼 선물 1계약은 6,250만 원입니다. 선물 1계약을 매도하면 6,250만 원의 주식시장을 매도하는 것과 같기 때문에 퀀트 랭킹시스템으로 주식을 매수할 때도 6,250만 원어치의 주식을 매수해야 합니다. 그래야 균형이 맞습니다.

우리가 퀀트 랭킹시스템을 할 때는 보통 20~30개 정도의 주식을 삽니다. 30개 종목으로 나눠서 매수한다고 하면 대략 1종목당 208만 원씩 6,250만 원의 주식을 삽니다. 이것은 선물지수가 250일때를 가정하고 이야기 한 것입니다(선물의 승수는 25만 원, 250 × 25만 원 =

6,250만 원).

우리가 매수한 주식들이 30%가 올라서 1,875만 원 수익이 됐고, 선물(=주식시장)은 15%가 올라서 937.5만 원 손실을 입었습니다. 이 경우 주식과 선물을 합치면 937.5만 원의 수익을 볼 수 있습니다. 결국 주식과 선물의 수익률 차이만큼 수익이 됩니다.

	랭킹시스템 (주식매수)	주식시장매도 (선물매도)	롱숏 전략 수익구조
투자 금액	6,250만 원매수	6,250만 원매도	매수한 금액 = 매도한 금액
수익률	30%	- 15%	15%
수익금	1,875만 원 수익	937.5만 원 손실	937.5만 원 수익

[표31]

퀀트선물 롱숏 전략은 이렇게 간단하게 만들 수 있습니다. 롱숏 전략은 주식을 매수하고 선물을 매도하면 만들 수 있는 간단한 전략이면서 랭킹시스템이 가지고 있는 결정적인 단점을 보완할 수 있는 방법이죠.

랭킹시스템은 좋은 전략이기는 합니다만, 1990년 이후 10~20년 동안 일본의 주식시장처럼 주식시장이 무너질 때는 속수무책으로 당할 수밖에 없습니다. 그때는 랭킹시스템을 사용해도 큰 손실을 입습니다. 하지만 롱숏 전략을 쓰면 손실을 피해갈 수 있습니다.

랭킹시스템은 롱 전략만 있기 때문에 매수한 주식들이 하락하면 손실을 입습니다. 물론 상승 가능성이 높은 주식들이지만 시장전체가 하락할 때 상승하기는 어렵습니다. 하지만 롱숏 전략으로 만들면 수익이 시장과의 차이로 바뀌게 됩니다. 그러니 시장과 같이 하락하더라도 시장보다 덜 하락한다면 수익이 나는 구조가 됩니다.

우리가 매수한 퀀트종목들의 평균수익률이 -40%인데 주식시장이 50% 하락했다면 퀀트선물 롱숏 전략은 10%의 수익이 납니다.

	랭킹시스템 (주식매수)	주식시장매도 (선물매도)	롱숏 전략 수익구조
투자 금액	6,250만 원매수	6,250만 원매도	주식매수한 금액 = 선물 증거금
수익률	-40%	+50%	10%
수익금	2,500만 원 손실	3,125만 원 수익	6,250만 원 수익

[표32]

주식시장전체가 무너져서 매수한 주식이 크게 하락하더라도 주식시장보다 덜 하락하면 손실이 나지 않거나 오히려 수익이 날 수 있다는 것이 퀀트선물 롱숏 전략의 장점입니다.

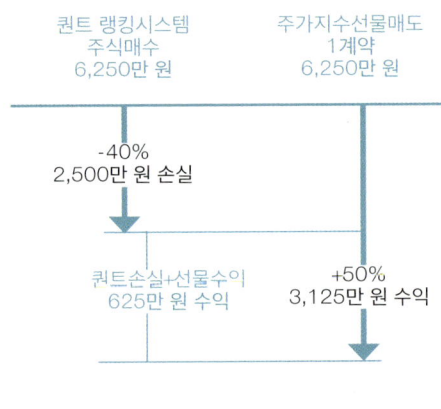

[그림34]

앞서 언급한 웅진루카스투자자문에서 마법공식전략으로 테스트를 한 표를 기억하시나요? 그것으로 롱숏을 만들어보겠습니다.

	마법공식	KOSPI	마법공식 KOSPI 롱숏
2001	64.7%	32.6%	32.1%
2002	10.9%	-9.5%	20.4%
2003	50.0%	29.9%	20.8%
2004	25.8%	10.5%	15.3%
2005	87.8%	54.0%	33.8%
2006	5.5%	4.0%	1.5%
2007	28.5%	32.3%	-3.8%
2008	-49.6%	-40.7%	-8.9%
2009	61.3%	49.7%	11.6%
2010	5.8%	11.3%	-5.5%

[표33]

2008년에 -8.9%가 나와서 마법공식 전략만 취했을 때보다 좋은 성적을 냈습니다. 물론 2005년의 경우처럼 퀀트 전략만 사용했다면 87%의 큰 수익을 냈을 테지만, 롱숏 전략을 사용해서 수익이 33%로 크게 줄 때도 있었습니다. 2007년이나 2010년에는 오히려 손실이 나기도 했습니다.

하지만 2008년에 50% 손실을 입었다면, 분명 투자를 포기했을 것입니다. 50%의 손실을 피할 수 있다는 것만으로도 충분히 제 역할을 해낸 것이죠.

반대로 퀀트선물 롱숏이 불리할 때도 있습니다.

다음 미국 주식시장 차트를 보시죠. 미국시장처럼 계속 상승할 때는 롱숏 전략이 매수만 하는 퀀트 롱 전략에 비해서 불리합니다. 퀀트종목이 40% 오르고, 주식시장이 30%가 올랐다면 퀀트선물 롱숏 전략의 수익률은 10%입니다. 퀀트만 했을 경우 40%의 수익이 나는데, 10%라면 무척 초라하게 느껴질 것입니다.

[그림35]

	랭킹시스템(주식매수)	주식시장매도(선물매도)	롱숏 전략 수익구조
상승률	+40%	+30%	
수익률	+40%	-30%	10%

[표34]

　하지만 수익의 과정에 대해서 파악하면 생각이 달라집니다. 주식 시장은 가끔씩 대폭락을 합니다. 이럴 때 롱숏 전략으로 투자하는 것과 롱 전략만으로 투자하는 것은 분명한 차이가 있습니다.

[그림36]

　미국주식시장도 붉은색 박스로 표시한 기간에는 주식시장이 나빴습니다. 2008년에는 단기간에 시장이 50%나 하락했죠. 손실은 큰 고통을 주기 때문에 손익의 변동성이 커질 때 대부분의 사람들이 투자를 포기합니다. 그래서 그 뒤에 시장이 반등하며 상승할 때 수익을 낼 수 없습니다.

　결국 퀀트선물 롱숏 전략은 주식시장이 상승할 때는 퀀트보다 수익률이 낮고, 주식시장이 하락할 때는 퀀트보다 수익률이 높습니다. 하지만 중요한 사실은 수익의 변동성을 크게 낮춰주고 수익의 과정을 매끄럽게 만들어준다는 점입니다. 그래서 장기 투자할 수 있게 도와줍니다.

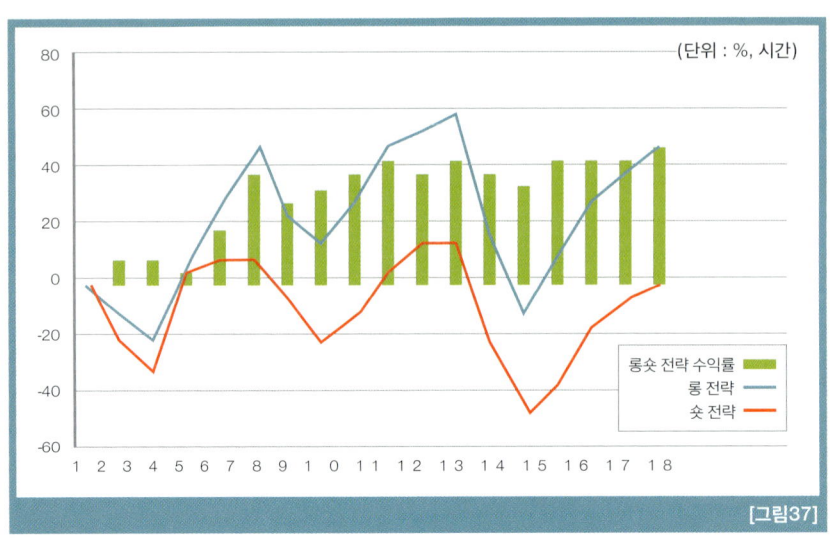

[그림37]

결과론적으로 보면 선물매도는 처음 시작할 때와 현재(혹은 선물매도를 청산할 때)까지 선물이 상승한 만큼 손실이고, 선물이 하락한 만큼 수익입니다. 만약 몇 년간 퀀트선물 롱숏 전략을 했는데 선물지수가 시작할 때와 같다면 선물매도가 손익에 전혀 영향을 미치지 않았다는 의미이고, 퀀트로 주식을 매수한 롱 전략과 퀀트선물 롱숏 전략과 수익률이 같다는 뜻입니다.

길게 손익으로 보면 의미가 없어 보이지만, 여러 구간으로 나눠서 보면 변동이 심한 주식전략의 수익을 완만하게 만들어 주는 효과를 냅니다. 선물매도의 손익이 주식매수의 손익과 반대인 경우가 대부분이기 때문입니다.

결국 퀀트선물 롱숏 전략에서 선물매도는 수익에 미치는 영향은 중요하지 않고, 안정적인 손익을 만드는 역할을 한다는 사실이 중요합니다.

TIP BOX 롱숏 전략의 응용

투자를 하는 사람은 누구나 시장이 붕괴됐을 때 매수하는 게 가장 좋은 전략이라는 사실을 알고 있습니다. 문제는 시장이 붕괴할 때 계좌에는 현금이 없고, 전부 주식을 사났다는 데 있습니다. 주식시장이 계속 하락할 때 같이 손실이 나기 때문에 막상 바닥이라고 생각될 때 본인 역시 투자할 돈이 없거나 크게 줄어들어 있는 경우가 많죠.

만약 퀀트선물 롱숏 전략으로 투자한다면 어떨까요?

주식시장이 붕괴됐을 때 주식에서는 손실이 났지만, 선물에서 수익이 났기 때문에 계좌는 수익이 났거나 손실이더라도 미미한 수준일 것입니다. 주식시장이 금융위기처럼 크게 하락했을 때 손실이 없고 투자 원금이 고스란히 있다면 어떨까요?

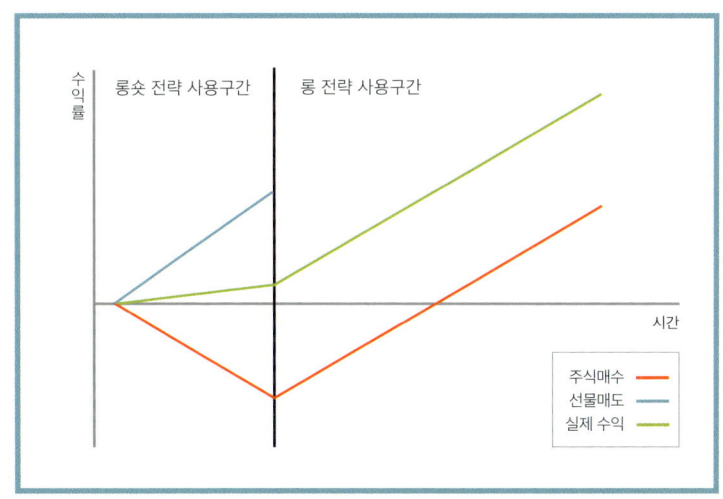

[그림38]

어떤 분은 지수가 크게 반등할 것이 예상되니 퀀트선물 롱숏 전략에서 선물매도를 청산하고 퀀트를 매수하는 전략으로 바꾸겠다고 합니다. 투자할 때 퀀트 롱숏 전략을 취하면 얼마든지 응용이 가능합니다.

이렇게 응용할 수 있는 여지가 많은 것이 퀀트 롱숏 전략입니다.

퀀트 롱숏 전략
테스트해보기

퀀트 롱숏 전략은 주식매수와 선물매도를 합친 것입니다. 따라서 롱숏 전략의 수익률은 퀀트 수익률과 선물매도 수익률을 합친 것과 같습니다.

선물은 만기가 3개월마다 있지만 연결선물지수가 있습니다. 이것을 이용하면 쉽게 구할 수 있습니다.

우리가 구한 퀀트 전략은 4월 1일부터 다음 해 4월 1일까지의 수익률입니다. 그러니 선물은 4월 1일부터 다음 해 4월 1일까지의 변화를 찾아보면 됩니다. 보통 퀀트 수익률은 미리 정리해 놓은 표가 있으니 그것을 사용하면 됩니다.

(단위 : %)

선물매도 수익률과 퀀트 전략					
연도	선물매도 수익률	1전략	2전략	3전략	4전략
2015	5.1	40.0	19.0	8.0	13.0
2014	1.6	44.0	34.0	52.0	48.0
2013	1.8	20.0	24.0	29.0	27.0
2012	2.1	16.0	15.0	24.0	22.0
2011	4.1	45.0	51.0	30.0	27.0
2010	-24.9	51.0	41.0	12.0	7.0
2009	-39.9	54.0	54.0	37.0	46.0
2008	26.3	-37.0	-40.0	-42.0	-37.0
2007	-15.4	40.0	32.0	33.0	37.0
2006	-6.2	39.0	38.0	50.0	43.0

[표35]

(단위 : %)

퀀트선물 롱숏 전략 수익률				
연도	1전략 + 선물매도 롱숏 전략	2전략 + 선물매도 롱숏 전략	3전략 + 선물매도 롱숏 전략	4전략 + 선물매도 롱숏 전략
2015	45.1	24.1	13.1	18.1
2014	45.6	35.6	53.6	49.6
2013	21.8	25.8	30.8	28.8
2012	18.1	17.1	26.1	24.1
2011	49.1	55.1	34.1	31.1
2010	26.1	16.1	-12.9	-17.9
2009	14.1	14.1	-2.9	6.1
2008	-10.7	-13.7	-15.7	-10.7
2007	24.6	16.6	17.6	21.6
2006	32.8	31.8	43.8	36.8

[표36]

2008년을 보면 퀀트 전략에서는 큰 손실이 난 반면에 선물매도에서는 26.3%의 수익을 보입니다. 모든 퀀트 전략에서 30~40% 손실을 보완해주는 역할을 하죠. 하지만 2009년과 2010년에는 선물매도에서 손실이 발생합니다. 그때는 다시 퀀트 전략에서 수익이 났기 때문에 큰 문제가 없습니다.

    2006년부터 2015년까지를 살펴보면, 롱숏 전략을 사용했을 때 선물매도는 45.4%의 손실을 봅니다. 1년에 4~5% 정도 헷지 비용으로 나간 셈입니다. 그 비용으로 인해서 중간에 큰 손실에서 벗어날 수 있었습니다. 지속적으로 투자가 가능하도록 손익의 변동성을 낮추는 데 성공한 것입니다.

퀀트 롱숏 전략
결과분석

퀀트 랭킹시스템과 선물은 서로 대칭적인 구조를 지니고 있습니다. 따라서 두 개의 전략으로 롱숏을 만든다면 더욱 안정적인 수익을 낼 수 있습니다. 2006년부터 2015년까지 종합주가지수가 2배 이상 상승했기 때문에 퀀트 전략만으로 운용했을 때보다 수익률이 낮습니다. 하지만 변동성을 줄이는 더 큰 이점이 있습니다.

만약 퀀트 전략만으로 운용했다면 2008년에 손실을 보고 투자를 포기했을 것입니다. 퀀트선물 롱숏 전략을 했다면 손실이 크게 줄어들어서 계속 운용했을 겁니다. 장기 투자를 해서 그 뒤의 열매를 먹을 수 있는 것이죠. 만약 롱숏 전략을 응용해서 지수가 많이 빠진 후 롱 전략만 운용했다면 더 좋은 수익을 냈을 수도 있습니다.

지금 우리나라 주식시장이 매우 불안한 상황입니다. 만약 시장이 하락하면 롱숏 전략은 퀀트 전략보다 수익은 높아지고, 변동성은 낮아집니다. 따라서 지금이 롱숏 전략을 사용하기에 가장 적절한 시기라고 판단됩니다.

QUANT STOCK

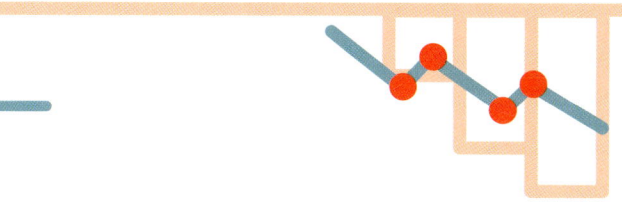

4부

커버드 콜옵션 전략

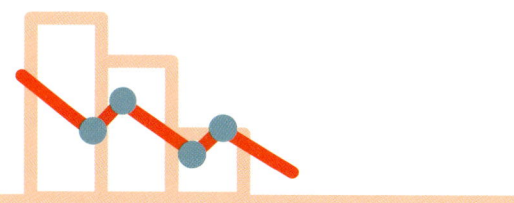

1.

커버드 콜옵션 전략이란

커버드 콜옵션 전략은 주식매수에 콜옵션매도를 더한 전략입니다.

> 커버드 콜옵션 전략 = 주식매수 + 콜옵션매도

매수한 주식을 콜옵션으로 보호한다는 개념이죠. 주식시장이 하락하면 우리가 매수한 주식도 같이 하락하는 경우가 많습니다. 콜옵션매도전략은 이와는 반대로 주식시장이 하락할 때 수익이 발생합니다. 커버드 콜옵션 전략은 이 점을 이용합니다. 즉 주식시장이 하락하면 거기서 발생하는 손실을 콜옵션매도에서 나온 수익으로 상쇄시키는 전략이 바로 커버드 콜옵션 전략입니다.

롱숏 전략에서는 선물매도로 주식의 손실을 방어했다면, 커버드 콜옵션 전략에서는 콜옵션매도로 주식의 손실을 방어하는 것입니다.

선물과 콜옵션의 차이만큼 두 전략은 다른 성향을 나타냅니다. 가장 큰 차이는 주식이나 선물은 매수해서 매도하기까지, 혹은 진입해서 청산하기까지 포지션을 끊임없이 보유하는 것입니다. 선물도 롤오버로 포지션이 끊기지 않게 계속 보유할 수 있습니다.

하지만 옵션은 매달 만기가 돌아오고, 옵션의 만기는 선물의 만기처럼 롤오버로 포지션을 연장을 시킬 수 없기 때문에 결제를 받고 손익을 계산해야 합니다. 그리고 다시 새로운 옵션을 거래해야 합니다.

이렇게 매달 만기가 돌아와서 포지션을 결제받아 정리하고, 한 달씩 수익을 정산합니다. 그리고 매달 나오는 수익을 모아서 주식에서 발생하는 손실을 대비합니다.

예를 들어 콜옵션매도에서 매달 1%씩 1년 동안 12%의 수익을 모아놓는다고 가정하겠습니다. 만약 주식시장이 1년 동안 큰 변동 없이 보합이었을 때 콜옵션매도 전략에서 12%의 수익이 모이고, 13개월째에 주식이 13% 하락했다면 전체 자산으로 볼 때 원금을 보호할 수 있습니다.

(단위 : %)

개월	주식 수익 (=주가지수)	주식 누적 수익	콜옵션매도 수익	콜옵션매도 누적 수익	주식과 콜옵션매도 누적 수익
1	1	1	1	1	2
2	-1	0	1	2	2
3	2	2	1	3	5
4	-2	0	1	4	4
5	3	3	1	5	8
6	-3	0	1	6	6
7	2	2	1	7	9
8	-2	0	1	8	8
9	1	1	1	9	10
10	-1	0	1	10	10
11	2	2	1	11	13
12	-2	0	1	12	12
13	-13	-13	1	13	0
합계	-13		13		0

[표37]

그래프로 보면 아래와 같습니다.

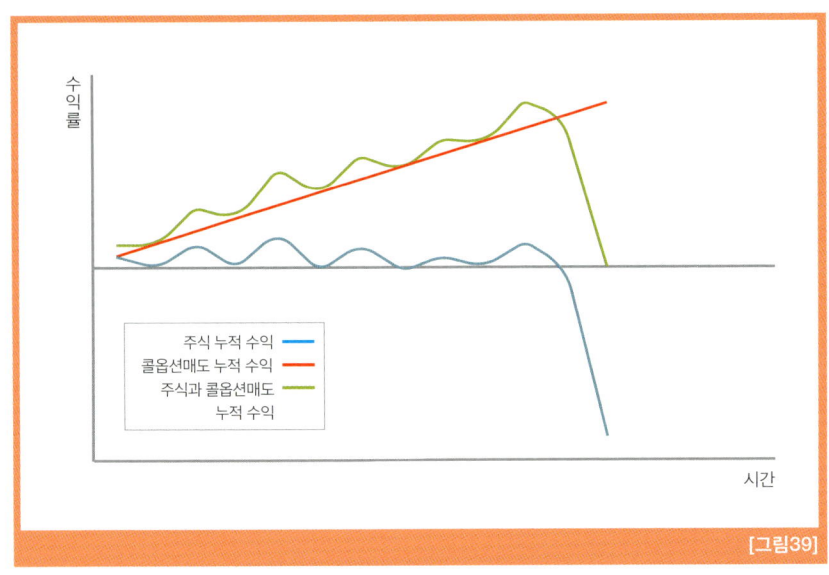

[그림39]

커버드 콜 전략은 콜옵션매도로 매달 수익을 모아서 주식에서 크게 손실이 날 때 손실을 상쇄시켜서 전체계좌의 손실을 줄이는 전략입니다. 물론 콜옵션매도에서 손실이 발생할 수도 있습니다. 또 콜옵션매도의 수익이 주식 손실보다 더 클 수도 있고, 작을 수도 있습니다. 이것은 콜옵션매도를 어떻게 운용하느냐에 따라 다릅니다.

우리는 이미 좋은 투자 전략을 알고 있습니다. 바로 퀀트 랭킹시스템입니다. 커버드 콜 전략을 할 때 주식매수는 퀀트 랭킹시스템 전략으로 할 것입니다. 이제 콜옵션매도를 어떻게 해야 하는지를 알면 커버드 콜옵션 전략이 완성됩니다. 그런데 옵션을 세세히 이해하기는 간단한 일은 아닙니다. 그래서 이 책에서는 콜옵션매도를 중심으로 설명하겠습니다.

2.
옵션이란 무엇인가

커버드 콜옵션 전략을 알려면 옵션에 대해서 알아야 합니다. 우리는 학교에서 이렇게 배웠습니다.

옵션을 산 사람은 권리를 가지고, 옵션을 판 사람은 의무를 갖게 됩니다. 권리를 산 사람은 미리 정한 가격(행사가격)보다 상품 가격이 내려가서 유리한 상황이 되면, 권리를 행사해서 싼값에 상품을 매수할 수 있습니다.

하지만 상품 가격이 미리 정한 가격보다 내려가서 매수하는 게 불리한 상황이 되면 권리를 포기할 수 있습니다. 그 경우에는 권리를 산 금액만큼 손실을 보게 됩니다. 그 권리의 가격을 '옵션 프리미엄'

==이라 부르며, 이것이 시장에서 거래되는 것입니다.==

이것을 한 번에 이해할 수 있는 사람은 아마 없을 것입니다. 저 역시 대학원에서 금융이론을 전공하면서 배울 때 곧바로 이해할 수가 없었습니다. 시험을 보면 옵션 가격을 계산할 수는 있었지만, 누가 물어보면 어떻게 설명해야 할지 몰랐습니다. 그렇게 이해하기 힘들고 어려운 옵션이었는데, 증권사에 들어가서 매매해보니 쉽게 이해할 수가 있었습니다. 깨닫는 이치가 컴퓨터와 비슷했던 것이죠. 아무리 책을 펴서 컴퓨터를 공부해도 직접 해보지 않으면 알 수 없습니다. 옵션도 책으로만 이해하기는 쉽지 않지만, 한 달만 거래해보면 그 내용을 대부분 알 수 있습니다.

선물옵션을 배우면서 재미있는 이야기를 들었습니다. 파생상품이 처음 일본에 도입될 때의 일입니다. 일본 증권사에서 직원들에게 파생상품에 대해 교육을 했습니다. 그런데 그렇게 경험이 많은 증권사 직원들도 이해하지 못했습니다. 그 증권사에서 마흔이 넘는 어떤 직원은 "이해할 수 없는 상품"이라 경영진에게 보고했다고 합니다.

사람들이 옵션을 쉽게 이해하지 못하는 이유는 우리가 일상에서 접할 수 없는 상품이기 때문입니다. 이 책에서는 그나마 가장 비슷한 상품인 자동차보험으로 예를 들어 설명하겠습니다.

자동차보험과 옵션은 비슷한 구석이 많습니다. 어떻게 보면 옵션의 특성이 대부분 자동차보험에 있습니다.

자동차보험에 가입하는 개인이 있고, 자동차보험을 파는 보험회사가 있습니다. 자동차보험은 개인이 보험료를 내고 보험에 가입합니다. 보험회사는 개인에게 보험료를 받고 보험을 발행합니다.

　사고가 발생하지 않으면 개인은 보험료만큼 손해를 봅니다. 보험회사는 개인에게 받은 보험료만큼 수익이 발생합니다. 반대로 사고가 발생하면 개인은 사고의 크기에 비례해서 보상금을 받습니다. 받는 보상금이 가입할 때 낸 보험료보다 많다면 그 차이만큼 수익이 됩니다. 보험회사는 사고의 크기에 비례해서 보험금을 개인에게 줍니다. 개인에게 받은 보험료보다 지급해야 할 보험금이 많다면 그 차이만큼 손해가 됩니다.

　이번엔 손실에 대해서 정리해보겠습니다. 개인은 보험료만큼 손실을 보지만, 그 이상의 손실은 발생하지 않습니다. 최대손실이 정해져 있는 것이죠. 하지만 보험회사의 손실은 정해져 있지 않습니다. 사고가 클수록 지급해야 할 보험금은 점점 커집니다. 따라서 큰 사고가 발생했을 때 보험금을 지급할 능력이 있는지 가입자들에게 알려줘야 합니다. 보험회사에서 받는 보험료보다 수십 배 이상의 자산을 가지고 있어야 가입자들이 안심할 수 있을 것입니다.

　이것을 손익 그래프로 나타내보겠습니다. 개인과 보험회사의 입장에서 본 그래프입니다.

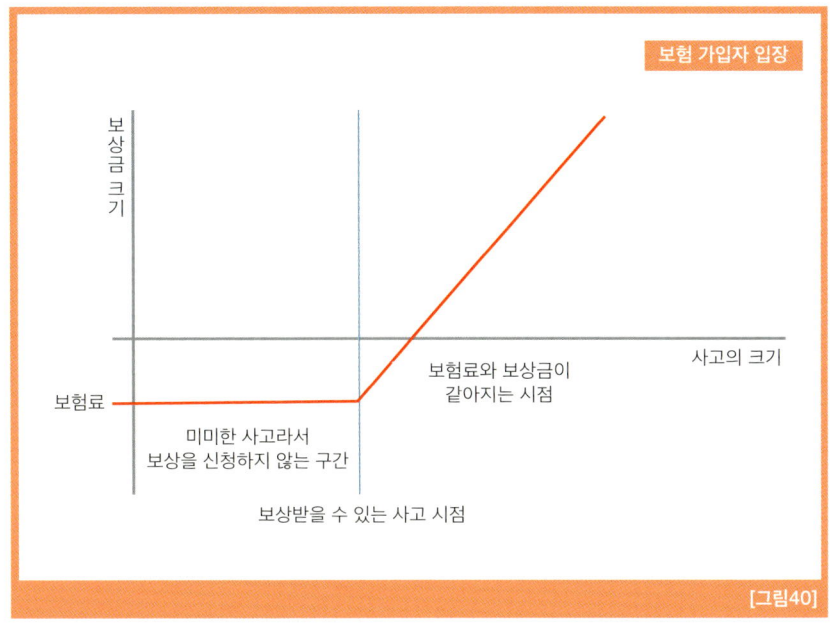

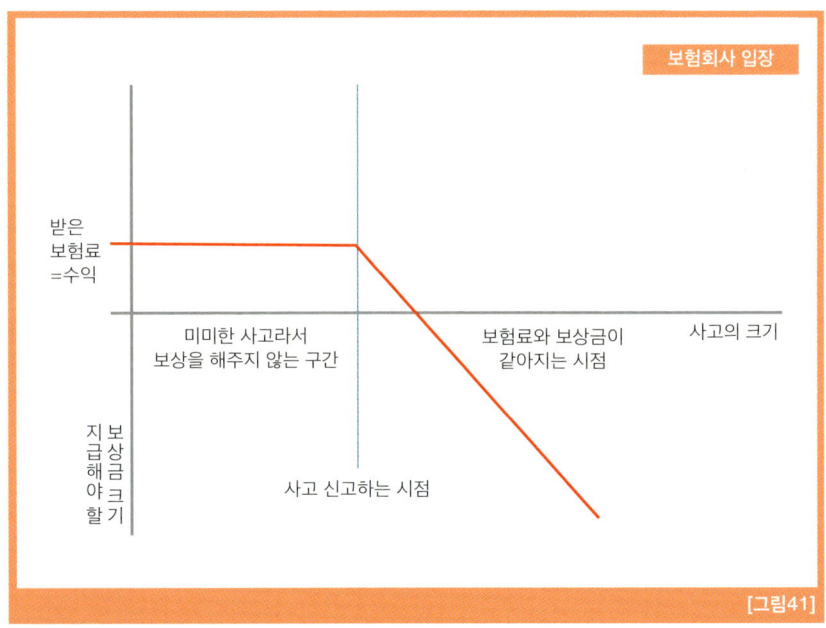

자동차보험은 통상 1년마다 계약을 합니다. 계약 기간에 사고가 나지 않으면 계약은 끝나며, 새롭게 갱신을 하려면 또 다시 보험료를 내야 합니다. 만약 사고가 발했다면 이듬해 보험료는 오릅니다. 따라서 개인은 다음 해에는 비싼 보험료를 내야 하고, 보험회사는 손실을 만회할 기회를 얻게 됩니다.

그래프로 나타내면 다음과 같습니다.

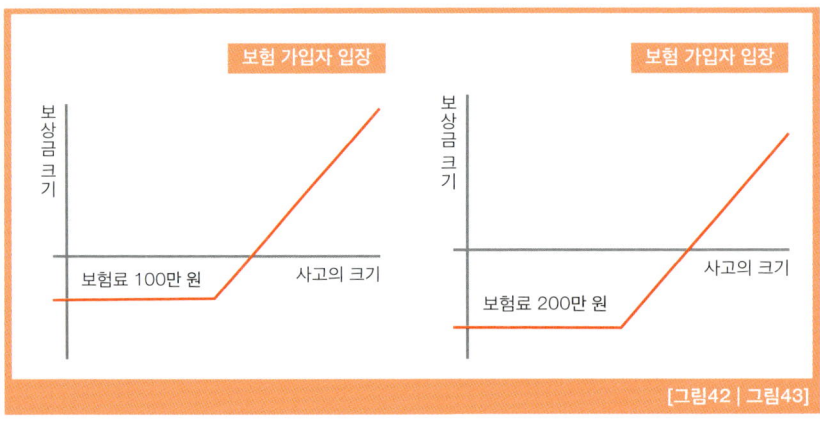

[그림42 | 그림43]

가입할 때 보험료가 100만 원에서 200만 원으로 늘었습니다.

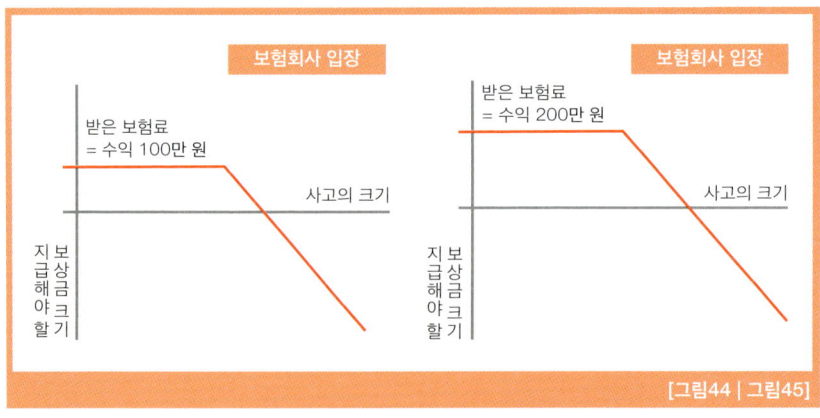

[그림44 | 그림45]

받을 보험료가 100만 원에서 200만 원으로 늘었습니다.

보통 고가의 보험을 가입하면 작은 사고부터 보상을 해주고, 저렴한 보험을 가입하면 큰 사고부터 보상을 해줍니다. 보험료가 클수록 작은 사고부터 보상을 해주고, 반대로 보험료가 저렴할수록 보험이 보상해주는 사고의 크기가 커집니다.

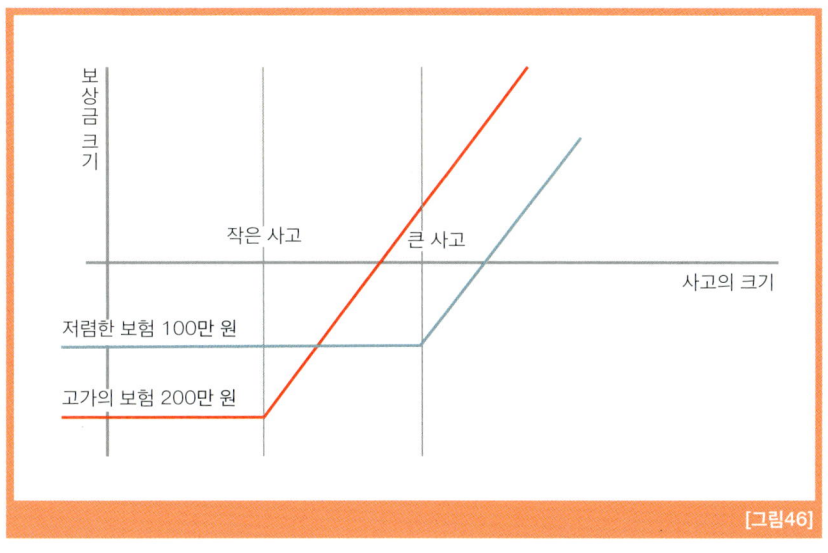

[그림46]

	보험 가입자	보험회사
수익	사고가 난 후 받는 보상금	가입할 때 받는 보험료
손실	가입할 때 내는 보험료	사고가 난 후 내는 보상금
보상금	사고가 클수록 많이 받음	사고가 클수록 많이 지불함
필요 금액	가입 시 지불한 보험금만큼	사고가 났을 때를 대비한 준비금, 보험금의 수십 배
만기	1년	
사고 발생 시	다음 해 지불할 보험료 오름	다음 해 받을 보험료 오름
고가의 보험	작은 사고부터 보상받음	작은 사고부터 보상해줌
저렴한 보험	큰 사고부터 보상받음	큰 사고부터 보상해줌

[표38]

이 내용들을 표로 정리해보겠습니다.

	콜옵션매수자	콜옵션매도자
수익	일정수준(행사가격) 이상 상승하면 수익이 발생하기 시작	옵션매도 대금만큼
손실	옵션매수 대금만큼	일정수준(행사가격) 이상 상승하면 손실이 발생하기 시작
보상금	지수가 일정수준(행사가격) 이상 상승할수록 수익이 늘어남	지수가 일정수준(행사가격) 이상 상승할수록 손실이 늘어남
필요 금액	옵션매수 대금 만큼	손실이 났을 때를 대비한 준비금이 필요함, 옵션 매도 대금의 수십 배
만기	한 달	
사고 발생 시	몇 달간 옵션 가격이 비싸져서 매수금액이 증가함	몇 달간 옵션 가격이 비싸져서 매도금액이 증가함
행사가격이 낮은 옵션 (고가의 옵션)	지수가 조금만 상승해도 수익	지수가 조금만 상승해도 손실이 시작됨
행사가격이 높은 옵션 (저렴한 옵션)	지수가 조금 상승하면 손실 지수가 많이 상승해야 수익	지수가 조금 상승하면 수익 지수가 많이 상승하면 손실

[표39]

자동차보험의 특징을 옵션에서도 찾아 볼 수 있습니다.

옵션에서 '사고'는 주식시장(KOSPI200지수)가 한 방향으로 많이 움직이는 것입니다. 콜옵션에서는 KOSPI200지수의 대폭 상승을, 풋옵션에서는 KOSPI200지수의 대폭 하락을 의미합니다. 좀 더 정확하게는 주가지수가 일정수준(행사가격) 이상 상승하는 것을 말합니다.

콜옵션을 매수하면 자동차보험에 가입하는 개인의 입장이 되고, 콜옵션을 매도하면 자동차보험을 발행하는 보험회사의 입장이 됩니다.

콜옵션을 매수하고 사고가 발생하지 않으면 매수한 금액만큼 손실입니다. 콜옵션을 매도하고 사고가 발생하지 않으면 매도한 금액만큼 수익입니다. 콜옵션을 매수한 입장에서는 사고가 크게 발생하기를 바라고, 콜옵션을 매도한 사람은 사고가 발생하지 않기를 바랍니다.

콜옵션을 매수했을 때는 지수가 많이 오를수록 수익이 커지고, 콜옵션을 매도했을 경우에는 지수가 많이 오를수록 손실이 커집니다.

손실이 나는 부분을 살펴보겠습니다. 옵션을 매수했을 경우의 최대손실은 매수금액만큼입니다. 옵션을 매도했을 경우는 최대손실이 정해져 있지 않습니다. KOSPI200지수가 상승할수록 손실이 계속 커지기 때문입니다. 보통 교재에는 무한대라고 나오지만, 사실 주식시장에는 상한가가 있기 때문에 만기하는 날까지 계속 상한가를 간다고 가정하면 그 값을 구할 수 있습니다.

옵션매도를 하면 손실이 매우 커질 수 있기 때문에 매도금액보다 최소 몇 배에서 최대 몇 십 배 더 많은 돈을 증거금으로 맡겨놓아야 합니다. 매도한 사람이 파산해서 지급 불능이 되는 것을 예방하기 위해서 매도금액보다 더 많은 돈을 예치해야 하는 것이죠. 이것을 증거금이라고 합니다. 증거금이 부족하면 매도한 포지션을 자동으로 청산하게 됩니다.

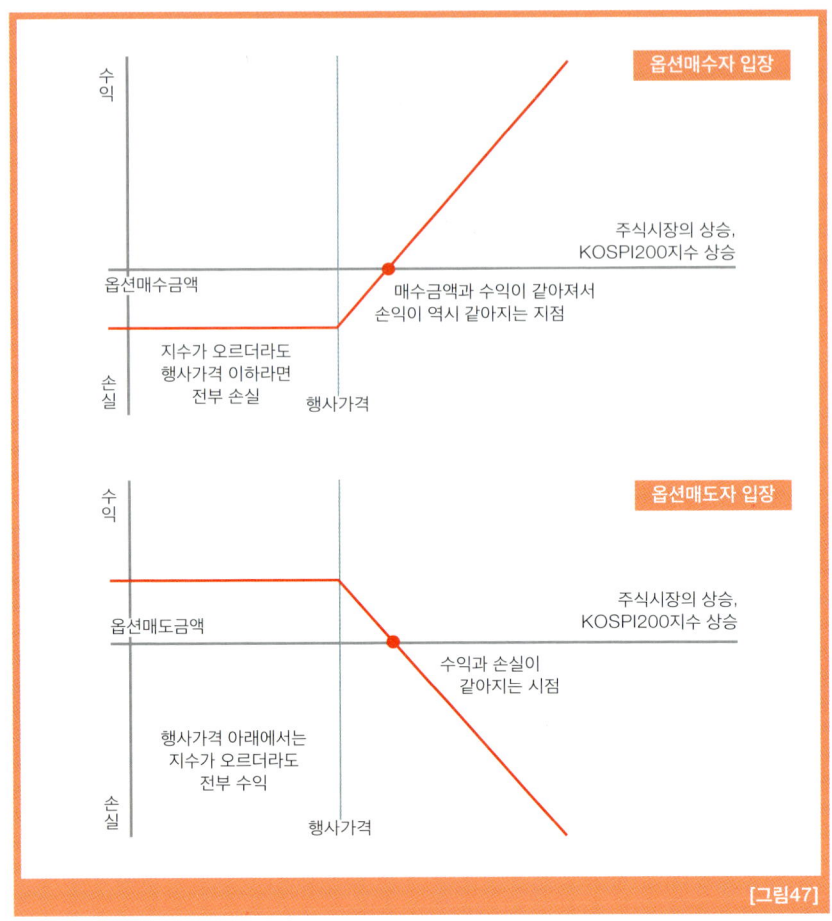

[그림47]

　　콜옵션의 손익 그래프를 보면 매수자와 매도자가 정확하게 반대입니다. 즉 매수자의 수익이 매도자의 손실이 되고, 매도자의 수익이 매수자의 손실이 됩니다.

　　옵션은 매달 만기가 있습니다. 만기가 끝나면 모든 계약은 강제로 결제되거나 청산돼 사라집니다. 즉 만기가 끝난 뒤에 사고가 크게 발생한다고 해서 보험금을 지급받을 수 없습니다. 만기가 끝난 후에는 새로운 거래를 해야 합니다.

콜옵션의 가격은 '만기까지 주가지수가 일정수준(행사가격)보다 얼마나 많이 올라갈 것인가'에 대한 가능성이라고 생각합니다. 가능성이 높으면 가격도 높아지게 됩니다.

비싼 옵션은 일정수준(행사가격)보다 올라갈 가능성이 높습니다. 따라서 비싼 것입니다. 그 가능성이 낮을수록 옵션의 가격은 내려갑니다. 하지만 낮은 가능성의 옵션에서 수익이 나게 되면 수익률은 비싼 옵션보다 높아집니다. 가끔씩 옵션에서 100배 대박이 났다고 뉴스에서 보는 것은 이런 옵션의 이야기입니다. 1,000원짜리 옵션이 10만 원이 되서 100배가 되는 것이지, 100만 원짜리 옵션이 1억 원이 되는 것이 아닙니다. 그래서 개인 투자자는 가능성이 낮지만 싼 옵션을 많이 거래하게 됩니다. 이번엔 옵션시세표를 살펴보겠습니다.

콜옵션				행사가격	지수환산	풋옵션			
거래량	등락률	전일비 ▲	현재가			현재가	전일비 ▼	등락률	거래량
14,675	50.00%	0.05	0.05	272.5	2162.82	18.50	2.25	13.85%	3
17,827	57.89%	0.11	0.08	270.0	2142.98	15.25	1.50	10.91%	262
29,906	56.41%	0.22	0.17	267.5	2123.14	12.80	1.95	17.97%	9
28,273	47.83%	0.33	0.36	265.0	2103.30	11.20	2.15	23.76%	103
29,387	41.32%	0.50	0.71	262.5	2083.46	9.19	1.79	24.19%	230
22,011	35.32%	0.71	1.30	260.0	2063.61	7.29	1.48	25.47%	339
11,709	34.65%	1.14	2.15	257.5	2043.77	5.65	1.25	28.41%	1,109
3,703	25.28%	1.12	3.31	255.0	2023.93	4.30	0.89	26.10%	4,702
625	25.63%	1.63	4.73	252.5	2004.09	3.22	0.69	27.27%	8,891
127	22.33%	1.84	6.40	250.0	1984.24	2.40	0.58	31.87%	17,120
30	21.94%	2.37	8.43	247.5	1964.40	1.80	0.47	35.34%	16,720
67	20.00%	2.50	10.00	245.0	1944.56	1.31	0.34	35.05%	27,322
10	12.59%	1.80	12.50	242.5	1924.72	0.97	0.26	36.62%	21,766
351	12.06%	2.05	14.95	240.0	1904.87	0.73	0.17	30.36%	27,633

[표40 | 옵션시세표]

이 표는 2016년 10월 13일 시세표입니다. 현 선물지수가 255 근처이니 255라고 가정하겠습니다.

시세표 가운데 행사가격이 있습니다. 옵션의 행사가격은 2.5포인트 단위로 구분돼 있습니다. KOSPI200과 비교해서 가장 가까운 행사가격을 ATM(등가격)이라고 말합니다. 즉 지금 현 지수와 가장 가까운 행사가격을 뜻합니다. ATM보다 싼 옵션을 외가격이라고 합니다. ATM보다 한 칸씩 떨어지면 ATM+1로 표현합니다.

표에서 ATM은 255입니다. 그리고 콜옵션 257.5가 ATM+1이 되고, 260가 ATM+2, 262.5가 ATM+3, 265이 ATM+4가 됩니다.

옵션시세표의 왼쪽은 콜옵션의 가격이고 오른쪽은 풋옵션의 가격입니다. 콜옵션과 반대인 것을 알 수 있습니다.

현재 콜옵션 255가 ATM입니다. 가격은 3.31입니다. 옵션의 승수가 25만 원이기 때문에 3.31 × 25만 원 = 82만 7,500원입니다. 콜옵션 255를 1계약 매수하려면 82만 7,500원이 필요하다는 뜻이고, 콜옵션 255를 1계약 매도할 때 최고수익이 82만 7,500원이라는 뜻입니다.

ATM+1인 콜옵션 257.5의 가격은 2.15입니다. 2.15 × 50만 원을 하면 53만 7,500원입니다. ATM+2인 콜옵션 260의 가격은 1.30입니다. 1.30 × 25만 원을 하면 32만 5,000원입니다. ATM+3의 가격은 0.71이고 ATM+4의 가격은 0.36입니다.

행사가격이 올라갈수록 콜옵션의 가격은 점점 하락합니다. 즉 콜옵션을 매수해서 수익이 날 가능성이 줄어든다는 뜻입니다. 보험으로 이야기하자면 저렴한 보험은 큰 사고가 나야지 보상금이 나고 고가의 보험은 조그마한 사고에도 보상금이 나오기 시작한다는 뜻입니다.

3.
콜옵션에 대해서

커버드 콜 전략은 옵션 중에서 풋옵션은 거래하지 않고 콜옵션만 매도하는 전략입니다.

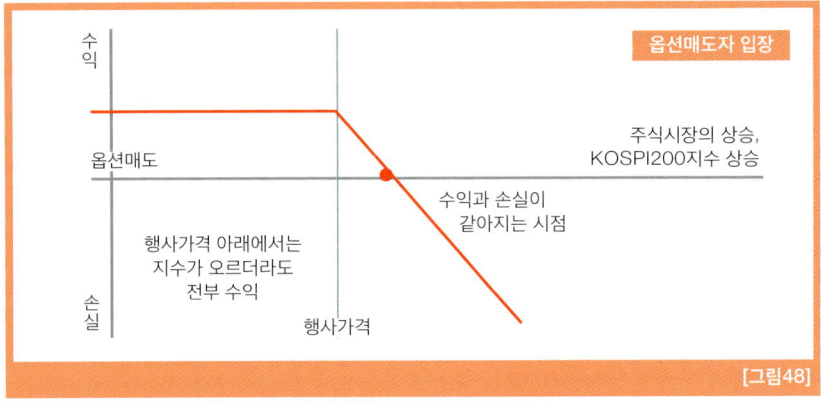

[그림48]

콜옵션을 매도하면 손익이 그래프와 같습니다.

KOSPI200지수가 행사가격보다 상승하면 손실이 나기 시작합니다. 상승폭이 클수록 손실은 커집니다. KOSPI200지수가 행사가격보다 높아지면 선물매도와 같은 수익구조가 됩니다.

반대로 지수가 하락하면 수익은 고정돼 있습니다. 정확하게 이야기하자면 KOSPI200지수가 콜옵션의 행사가격까지 상승하지 못하면 매도금액만큼 수익을 냅니다. 다만 지수가 아무리 많이 하락하더라도 수익은 매도금액만큼입니다. 수익이 더 늘어나지는 않습니다.

콜옵션매도 수익구조 그래프를 보면 비합리적이라고 생각이 듭니다. 수익은 적고, 손실은 무한대의 커질 수 있기 때문입니다. 하지만 승률이 무척 높습니다. 높은 승률과 낮은 수익, 그리고 1년에 12번의 기회가 있는 게임이라고 생각해보면 손익 그래프가 합리적이라고 생각될 것입니다.

우리는 옵션매수는 무한대의 수익을, 옵션매도는 무한대의 손실을 볼 수 있다고 배웠습니다. 매매해보니 사실 그렇지 않습니다. 우리나라에는 상한가와 하한가가 있습니다. 지수가 아무리 많이 움직여도 상한가나 하한가보다 더 움직일 수는 없습니다. 만약 만기까지 20일이 있다면 20일간 연속 상한가를 계산하면 옵션의 수익이나 손실을 구할 수 있습니다. 물론 무척 큰 금액이지만 무한대는 아닙니다. 옵션매도를 무서워할 필요가 없다는 것은 매매를 직접 해보면 금방 알 수 있습니다.

콜옵션매도의 수익률 그래프를 보면 주가지수가 행사가격 이상으로 상승할 때는 지수와 반비례합니다. 콜옵션은 주가지수가 행사가격보다 높아지면 선물과 손익구조가 똑같아집니다. 보통 전공서를 보면 옵션이 선물로 바뀐다고 돼 있습니다. 즉 주가지수가 250이라고 가정하면, 주식을 6,250만 원어치 매수하고 콜옵션 1계약을 매도할 때 주가지수가 아무리 상승해도 주식의 수익과 콜옵션의 손실은 같다는 뜻입니다.

콜옵션의 행사가격보다 높아지더라도 주식의 수익과 옵션의 손실은 서로 상쇄되기 때문에 걱정할 필요가 없지만, 우리가 매수한 주식이 주가지수와 관련이 없는 주식이라면 문제될 수 있습니다. 만약 코스닥 종목만 30종목을 매수했다면 주가지수는 상승하지만, 우리가 매수한 종목들은 상승하지 않을 수도 있습니다. 이럴 때는 생각지 못한 손실을 볼 수 있습니다. 이런 점을 염두하고 주식을 매수해야 합니다.

4.
어떤 콜옵션을 매도해야 하는가

콜옵션은 행사가격에 따라 가격이 다릅니다. 행사가격이 낮은 옵션은 비싸고, 행사가격이 높은 옵션은 쌉니다.

> **옵션매수자 입장**
>
> 고가의 콜옵션 = 행사가격이 낮은 옵션 = 행사될(수익 날) 가능성이 높은 콜옵션
> 저렴한 콜옵션 = 행사가격이 높은 옵션 = 행사될(수익 날) 가능성이 낮은 콜옵션

콜옵션을 매수한 사람의 입장에서 볼 때 콜옵션이 비싼데 행사가격이 낮다는 것은 만기일에 결제받을 때 수익이 날 가능성이 높다는

뜻입니다. 당연히 수익이 날 가능성이 높으니 비싼 것입니다. 저렴한 옵션은 수익이 날 가능성은 낮지만, 만기일에 결제가 돼 수익이 난다면 높은 수익률을 올릴 수 있습니다.

옵션을 매도한 입장은 반대입니다. 비싼 옵션을 매도하면 높은 수익을 낼 수 있지만, 손실이 날 가능성도 높아집니다. 반대로 저렴한 옵션을 매도하면 수익이 날 가능성은 높지만, 수익은 적습니다.

예를 들어 설명해보겠습니다.

			콜옵션						행사가	풋옵션	
저가	고가	시가	이론가	I.V	미결제	거래량	대비	현재가	(지수환산)	현재가	대비
0.04	0.10	0.10	0.035584	11.70	9,535 (+2,702)	14,675	▼0.05 (50.00%)	0.05	275.5 (2,162.82)	18.50	▲2.25 (13.86%)
0.08	0.20	0.18	0.080388	11.20	17,800 (+4,233)	17,827	▼0.11 (57.89%)	0.08	270.0 (2,142.98)	15.25	▲1.50 (10.91%)
0.17	0.39	0.36	0.170048	11.20	16,974 (+6,500)	29,906	▼0.22 (56.41%)	0.17	267.5 (2,123.14)	12.80	▲1.95 (17.97%)
0.36	0.73	0.66	0.336893	11.20	17,477 (+6,542)	28,273	▼0.33 (47.83%)	0.36	265.0 (2,103.30)	11.20	▲2.15 (23.76%)
0.71	1.29	1.19	0.625563	11.50	15,100 (+7,421)	29,387	▼0.50 (41.32%)	0.71	262.5 (2,083.46)	9.19	▲1.79 (24.19%)
1.30	2.13	1.97	1.090256	11.80	8,814 (+1,573)	22,011	▼0.71 (35.32%)	1.30	260.0 (2,063.61)	7.29	▲1.48 (25.47%)
2.15	3.26	3.04	1.787722	12.30	4,519 (+2,619)	11,709	▼1.14 (34.65%)	2.15	257.5 (2,043.77)	5.65	▲1.25 (28.41%)
3.29	4.61	4.41	2.768361	12.80	3,312 (+818)	3,703	▼1.12 (25.28%)	3.31	255.0 (2,023.93)	4.30	▲0.89 (26.10%)
4.68	6.26	6.20	4.057718	13.50	808 (+308)	625	▼1.63 (25.63%)	4.73	252.5 (2,004.09)	3.22	▲0.69 (27.27%)
6.39	7.70	7.70	5.657042	14.00	2,446 (+68)	127	▼1.84 (22.33%)	6.40	250.0 (1,984.24)	2.40	▲0.58 (31.87%)
8.38	9.49	9.49	7.534365	15.00	61 (+24)	30	▼2.37 (21.94%)	8.43	247.5 (1,964,40)	1.80	▲0.47 (35.34%)
10.00	11.95	11.95	9.637114	13.50	84 (+59)	67	▼2.50 (20.00%)	10.00	245.0 (1,944.56)	1.31	▲0.34 (35.05%)
12.50	13.15	13.00	11.905016	15.50	55 (+2)	10	▼1.80 (12.59%)	12.50	242.5 (1,924.72)	0.97	▲0.26 (36.62%)
14.95	16.75	16.70	14.281322	18.00	361 (+348)	351	▼2.05 (12.06%)	14.95	240.0 (1,904.87)	0.73	▲0.17 (30.36%)

풋옵션		행사가 (지수환산)	풋옵션								
대비	현재가		현재가	대비	거래량	미결제	I.V	이론가	시가	고가	저가
▼0.05 (50.00%)	0.05	275.5 (2,162.82)	18.50	▲2.25 (13.85%)	3	28 (+2)	14.00	18.315619	17.50	18.50	17.50
▼0.11 (57.89%)	0.08	270.0 (2,142.98)	15.25	▲1.50 (10.91%)	262	285 (+253)	3.00	15.863084	15.05	15.30	15.05
▼0.22 (56.41%)	0.17	267.5 (2,123.14)	12.80	▲1.95 (17.97%)	9	57 (-3)	3.00	13.455404	12.60	13.00	12.60
▼0.33 (47.83%)	0.36	265.0 (2,103.30)	11.20	▲2.15 (23.76%)	103	186 (+64)	12.00	11.124908	9.05	11.35	9.05
▼0.50 (41.32%)	0.71	262.5 (2,083.46)	9.19	▲1.79 (24.19%)	230	717 (+48)	12.50	8.916239	7.50	9.30	7.41
▼0.71 (35.32%)	1.30	260.0 (2,063.61)	7.29	▲1.48 (25.47%)	339	4,865 (+204)	12.80	6.883592	5.80	7.40	5.69
▼1.14 (34.65%)	2.15	257.5 (2,043.77)	5.65	▲1.25 (28.41%)	1,109	4,841 (-115)	13.20	5.083719	4.46	5.80	4.25
▼1.12 (25.28%)	3.31	255.0 (2,023.93)	4.30	▲0.89 (26.10%)	4,702	5,422 (+472)	13.70	3.567018	3.40	4.45	3.14
▼1.63 (25.63%)	4.73	252.5 (2,004.09)	3.22	▲0.69 (27.27%)	8,891	4,666 (+1,139)	14.20	2.359035	2.47	3.38	2.29
▼1.84 (22.33%)	6.40	250.0 (1,984.24)	2.40	▲0.58 (31.87%)	17,120	11,231 (+772)	14.70	1.461020	1.83	2.53	1.67
▼2.37 (21.94%)	8.43	247.5 (1,964.40)	1.80	▲0.47 (35.34%)	16,720	9,458 (+1,820)	15.30	0.841002	1.34	1.91	1.20
▼2.50 (20.00%)	10.00	245.0 (1,944.56)	1.31	▲0.34 (35.05%)	27,322	13,136 (+5,209)	15.80	0.446411	0.99	1.42	0.86
▼1.80 (12.59%)	12.50	242.5 (1,924.72)	0.97	▲0.26 (36.62%)	21,776	9,917 (+3,167)	16.70	0.216974	0.71	1.06	0.63
▼2.05 (12.06%)	14.95	240.0 (1,904.87)	0.73	▲0.17 (30.36%)	27,633	15,736 (+8,264)	17.50	0.095941	0.54	0.80	0.46

[표41]

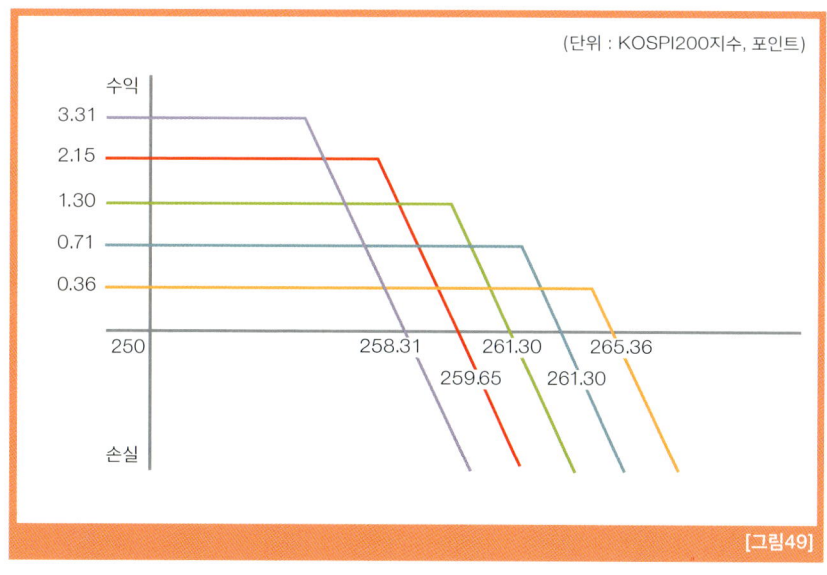

[그림49]

4부 커버드 콜옵션 전략

콜옵션 255를 3.31에 1계약 매도한 사람은 지수가 258.31일 때부터 손실이 납니다. 물론 주가지수가 255 이하이면 수익은 3.31(82만 7,500원)입니다. 콜옵션 257.5를 2.15에 1계약 매도한 사람은 259.65부터 손실이 납니다. 물론 주가지수가 257.5 이하이면 수익은 2.15(53만 7,500원)입니다. 260이나 262.5 등 행사가격이 높아지면 수익이 날 가능성은 높아집니다. 하지만 수익금은 줄어듭니다.

커버콜 옵션전략을 사용할 때 어떤 콜옵션을 매도하는가도 사람마다 다릅니다. 어떤 사람은 ATM+1을 매도하기도 하고, 또 다른 사람은 ATM+4를 매도하기도 합니다. 수익금과 승률이 달라지고, 사람마다 선호도가 다르기 때문입니다. 어떤 사람은 변동성지수인 V-KOSPI지수에 따라서 행사가격을 바꾸기도 합니다. KOSPI200지수대에 따라서 행사가격을 바꾸는 사람도 있습니다. 또는 수량을 늘리기도 합니다.

예를 들면 콜옵션 262.5를 1계약매도하면 17만 7,500원의 수익을 얻습니다. 콜옵션 265를 2계약매도하면 18만 원의 수익을 얻습니다. 262.5를 1계약매도했을 때 손실은 263.21부터 납니다. 265를 2계약매도했을 때 손실은 265.18부터 납니다. 수익은 비슷한데 손실 나는 구간이 2포인트 가량 늘었습니다(2계약을 매도했을 때는 손실이 발생하면 2배로 빨리 커집니다).

커버드 콜 전략에서 콜매도는 사람마다 조금씩 다른 방법을 사용합니다. 저마다 승률을 높이면서 수익을 높이기 위한 방법을 찾는 것입니다. 또 시장이 어떻게 변할 것이라는 예측도 포함된다면 방법은 더욱 늘어나게 됩니다.

  이 책에서 테스트할 때는 콜옵션 ATM+3를 2계약씩 기계적으로 했습니다. 변동성지수가 얼마인가는 고려하지 않고, 만기일 종가를 기준으로 ATM을 구한 후, ATM+3의 콜옵션을 2계약매도했다고 가정하고 진행했습니다.

5.
언제 콜옵션을 매도해야 하는가

　언제 콜옵션을 매도하는가도 중요한 문제입니다. 옵션은 만기가 있고, 그 만기를 기점으로 옵션이 결제돼 사라져서 새로운 옵션으로 거래하기 때문입니다.

　커버드 콜 전략을 쓸 때는 만기일에 콜옵션매도를 하거나 만기 다음날(금요일)에 포지션을 진입하는 경우가 일반적입니다. 또 만기일 결제를 받거나 콜옵션 가격이 낮아졌을 때 청산을 하기도 합니다.

　저는 만기일 종가에 진입하는 것을 선호합니다. 그래야 콜매도포지션이 결제를 받고 난 후에 바로 다시 진입돼 끊기지 않고 연결되기 때문입니다. 한 번은 만기 다음날인 금요일 종가에 진입한 적이 있었는데, 금요일에 주식시장이 크게 하락해서 아쉽게 수익을 놓친 경우가 있었습니다. 그 후로는 포지션이 끊기지 않게 만기일에 매도하고 있습니다.

옵션 만기일 알아보기

옵션은 만기가 있는 상품입니다. 매달 두 번째 목요일입니다. 둘째 주 목요일이 아니라 두 번째 목요일입니다.

일	월	화	수	목	금	토
	1	2	3	4	5	6
7	8	9	10	11	12	13
14	15	16	17	18	19	20
21	22	23	24	25	26	27
28	29	30				

위의 예를 보면 두 번째 목요일이 11일입니다. 둘째 주 목요일이기도 합니다. 만기는 11일이라는 것을 쉽게 확인할 수 있습니다. 그런데 다음 예와 경우에는 헷갈리기 마련입니다.

일	월	화	수	목	금	토
					1	2
3	4	5	6	7	8	9
10	11	12	13	14	15	16
17	18	19	20	21	22	23
24	25	26	27	28	29	30

4부 커버드 콜옵션 전략

14일은 두 번째 목요일이자 셋째 주 목요일입니다. 만기는 두 번째 목요일이므로 14일입니다. 가끔씩 둘째 주라고 헷갈리는 분들이 있습니다. 1일이 금요일이거나 토요일일 경우에 둘째 주 목요일인 7일로 생각하는 분도 계십니다. 여기서 만기는 두 번째 목요일입니다.

저는 처음 만기 달력을 만들고 의아했습니다. 모든 월물이 만기까지 거래되는 날이 같을 거라 생각했기 때문이었죠. 하지만 어떤 달은 거래일수가 20일이고, 어떤 달은 26일이기도 했습니다. 1년이 52주이기 때문에 4개월은 5주가 나옵니다.

만기까지 남은 날짜는 옵션가격에 큰 영향을 미칩니다. 그래서 만기까지 거래일수에 모든 트레이더가 민감할 수밖에 없습니다.

6. 커버드 콜옵션 전략에 대해서

커버드 콜 전략은 매수한 주식을 보호하기 위해서 콜옵션을 매도하는 전략입니다. 시장이 하락하면 매수한 주식에서 손실이 발생합니다. 이때 콜옵션매도포지션에서 수익이 나서 주식에서의 손실을 어느 정도 상쇄시켜줍니다. 그래서 상호보완 전략입니다.

콜옵션매도의 수익구조는 지수가 아무리 많

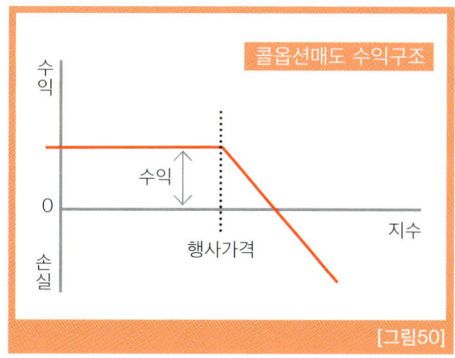

[그림50]

이 하락하더라도 일정한 수익으로 고정됩니다.

따라서 지수가 짧은 기간에 크게 하락한다면 손실을 전부 방어할 수 없습니다. 하지만 옵션은 매달 만기가 있는 상품입니다. 즉 매달 수익을 내서 쌓아 놓을 수 있습니다. 만약 매달 1%의 수익을 낸다면, 1년에는 12%의 수익을 낼 수 있습니다. 이렇게 수익을 쌓아가다가 주식에서 손실이 크게 발생했을 때 손실을 방어할 수 있습니다.

시장이 크게 상승하면 콜옵션매도포지션에서 손실이 발생할 수 있습니다. 그러나 그때는 주식에서 수익이 나서 콜옵션매도의 손실을 방어합니다.

이것을 그래프로 살펴보겠습니다.

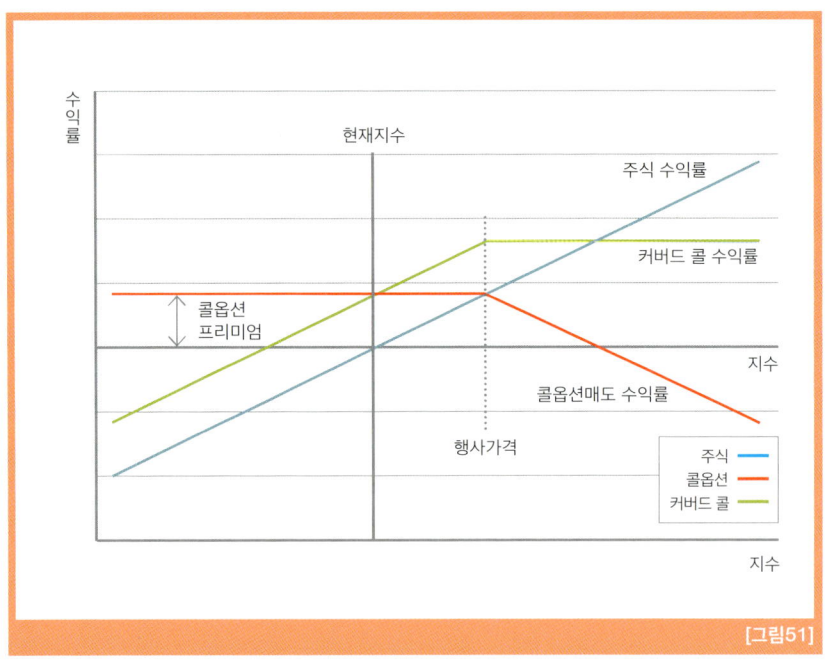

[그림51]

수익 그래프를 보면 쉽게 이해할 수 있습니다. 콜옵션매도의 그래프와 주식매수의 그래프를 합치면 커버드 콜옵션의 그래프가 됩니다. 이것은 콜옵션을 1개만 매도했을 때입니다.

주식(=KOSPI200)이 상승할수록 수익이 나다가 콜옵션의 행사가격이 되면 콜옵션에서 손실이 발생해서 수익이 고정됩니다. 지수가 행사가격 이상으로 상승하면 주식의 수익과 옵션의 손실이 상쇄돼서 수익이 고정되는 것입니다. 그리고 지수가 하락하면 주식에서는 손실이 발생하지만 콜옵션매도 이익만큼은 손실이 줄어듭니다.

지수가 보합이거나 약간 상승(행사가격 이하로 상승)하게 되면 콜옵션매도의 수익이 쌓이게 됩니다. 이렇게 한 달 동안 운용되다가 만기일에 다음 월물의 콜옵션을 매도하면서 포지션은 계속 연결됩니다.

TIP BOX 수익 그래프 보는 법

수익 그래프를 처음 보면 쉽게 이해되지 않을 겁니다. 저 역시 그랬습니다. 하지만 매매를 하다 보면 수익구조가 금방 익숙해집니다.

그래프의 수평(좌우)으로 지수의 상승과 하락을 나타냅니다. 오른쪽으로 가면 지수가 상승한 것이고, 주식시장이 상승한 것입니다. 왼쪽으로 가면 지수가 하락한 것입니다. 중심은 0이 아니고, 투자를 시작한 때의 지수이거나 계산하려고 하는 지수를 의미합니다. 즉 선물지수가 250일 때를 기준으로 계산하려면 중심을 250으로 두면 됩니다.

수직(상하)으로는 손익의 크기입니다. 중심인 0입니다. 어떤 그래프는 옵션이나 선물의 포인트(승수 50만 원)을 나타내기도 하고, 어떤 그래프는 50만 원처럼 원으로 나타내기도 합니다. 위쪽으로는 수익의 크기, 아래쪽으로는 손실의 크기입니다.

두 개의 그래프를 합치거나 몇 개의 그래프를 합쳐서 새로운 그래프를 만들 수도 있습니다. 여러 가지 전략을 쓸 때 수익 그래프를 합치면 여러 전략을 사용했을 때의 손익을 쉽게 알 수 있습니다.

7.

커버드 콜옵션 전략
한 달 치 테스트

앞서 나온 옵션시세표를 다시 보겠습니다. 10월 13일은 10월 옵션 만기일이었습니다. 선물의 종가는 254.30입니다. 11월물 옵션의 시세를 확인하겠습니다. ATM(등가격)이 255입니다. 7.5포인트 위에 있는 콜옵션 262.5를 매도 합니다. 콜옵션 262.5의 가격은 0.71입니다. 가격으로는 17만 7,500원입니다.

만기일 ATM+3의 콜옵션을 매도할 때마다 콜옵션의 가격은 다릅니다. 콜옵션의 가격은 여러 가지 요소에 의해서 결정됩니다. 보통 변동성(K-VIX)과 만기까지 남은 기간이 제일 큰 영향을 끼칩니다.

선물지수가 254.30이니까 주식을 6,357만 5,000원어치 보유하고 있다고 가정하겠습니다. 우리는 주식 6,357만 5,000원을 보유하고 있고, 이것을 보호하기 위해서 콜옵션 2개를 35만 5,000원어치 매도를 합니다. 만약 지수가 7.5포인트(종합주가지수로 대략 60포인트) 이상 상승하지 않는다면 옵션에서 35만 5,000원의 수익을 얻게 됩니다. 7.5포인트 이상 지수가 상승한다면 옵션에서 손실이 발생합니다. 다만 주식에서 수익이 있기 때문에 상쇄됩니다.

한달 뒤를 보겠습니다. 11월 10일이 만기였습니다. 선물이 252.70이니 6,317만 5,000원의 주식을 보유한 셈입니다. 주식에서 40만 원의 손실이 있었습니다. 지수가 265를 넘지 않았으니 콜옵션 매도로 35만 5,000원의 이익을 얻었습니다. 손실과 수익을 합치면 손실이 4만 5,000원입니다.

이렇게 한 달마다 계속 콜옵션을 매도하면서 이익을 쌓아가는 것이 바로 커버드 콜옵션의 전략입니다.

롱숏 전략과
커버드 콜옵션 전략 비교

주식을 매수했을 때 주식시장이 오르면 아무 문제가 없습니다. 하지만 주식시장이 하락할 때는 손실을 피하기는 어렵습니다. 그럴 경우를 대비해서 상호보완 전략을 이용합니다. 즉 손익의 변동성을 낮추는 것입니다.

앞에서 이야기한 롱숏 전략은 선물을 매도해서 주식시장이 하락할 때를 대비했습니다. 커버드 콜 전략에서는 콜옵션을 매도해서 하락을 대비합니다. 그럼 선물을 매도한 롱숏 전략과 콜옵션을 매도한 커버드 콜 전략은 어떻게 다를까요?

롱숏 전략은 주식의 손익과 선물매도의 손익이 거의 대칭적으로 움직입니다. 그래서 주식에서 수익이 날 때 선물에서는 손실이 나고, 주식에서 손실이 날 때 선물에서는 수익이 납니다.

다만 주식에서 수익을 얻을 때는 선물의 손실보다 좀 더 커서 전체적으로 수익이고, 주식에서 손실이 날 때는 선물의 손실보다 조금 작아서 주식과 선물을 합치면 수익이 되는 구조입니다.

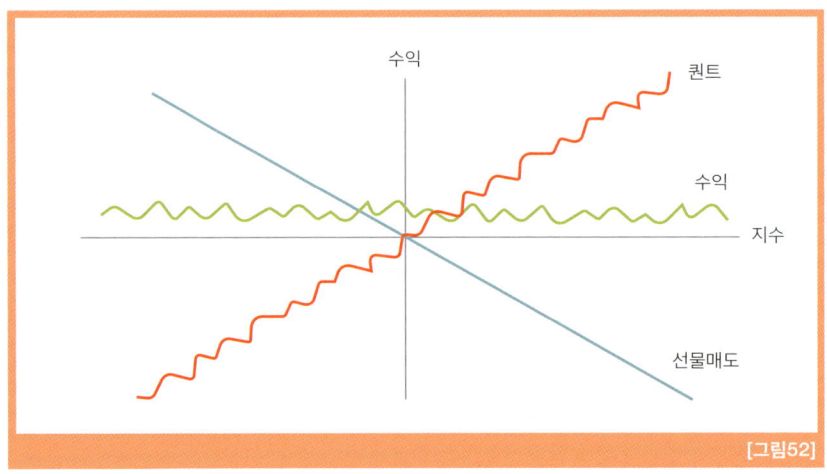

[그림52]

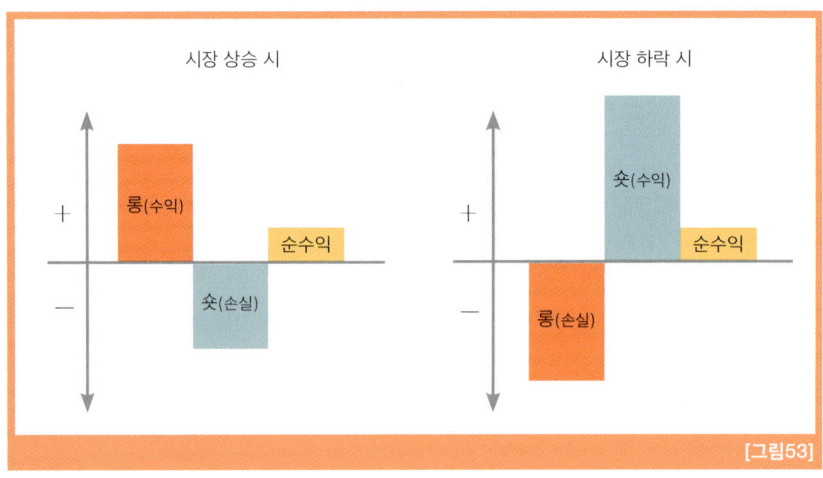

[그림53]

	시장				
	시장 큰 상승	작은 상승	시장 보합	작은 하락	시장 하락
주식(퀀트) 손익	큰 수익	작은 수익	보합	작은 손실	큰 손실
선물매도 손익	큰 손실	작은 손실	보합	작은 이익	큰 이익
총 손익	스프레드만큼 이익	스프레드만큼 이익	스프레드만큼 이익	스프레드만큼 이익	스프레드만큼 이익

[표42]

선물매도의 손익과 주식매수의 손익은 거의 반대로 움직입니다. 그래서 상승이나 하락의 폭은 크게 상관 없습니다. 다만 주식이 선물보다 더 많이 오르거나, 덜 하락하면 됩니다.

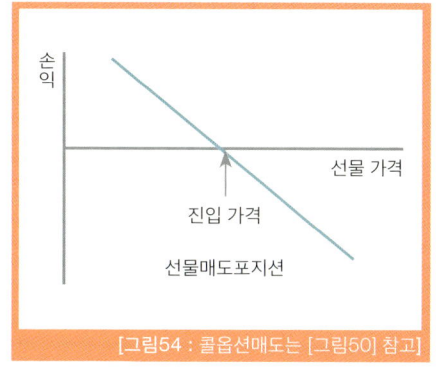

[그림54 : 콜옵션매도는 [그림50] 참고]

콜옵션매도의 손익과 주식매수의 손익은 대칭되지 않습니다. 옵션 자체가 수익과 손실이 대칭되지 않기 때문입니다.

주식시장의 움직임을 큰 상승, 작은 상승, 보합, 작은 하락, 큰 하락으로 5단계 구분하겠습니다. 그중에서 콜옵션매도는 큰 상승에서 큰 손실을 입고, 나머지 경우에는 똑같은 수익을 얻게 됩니다.

주식시장이 크게 상승했을 경우에는 주식에서도 큰 수익이 나기 때문에 콜옵션매도의 손실을 커버할 수 있습니다. 주식시장이 작게 상승하거나 보합일 때는 콜옵션에서 난 수익과 주식의 수익을 합치면 수익이 됩니다.

주식시장이 작게 하락할 경우에는 주식에서의 손실과 콜옵션의 수익이 거의 비슷하게 됩니다. 한편 주식시장이 크게 하락할 경우에는 주식에서 큰 손실을 보고, 콜옵션에서도 수익이 작기 때문에 손실을 볼 수 있습니다.

이것을 표를 보면 다음과 같습니다.

	시장				
	큰 하락	작은 하락	보합	작은 상승	큰 상승
주식(퀀트)손익	큰 손실	작은 손실	보합	작은 수익	큰 수익
콜옵션매도손익	정해진 이익	정해진 이익	정해진 이익	정해진 이익	큰 손실
총 손익	작은 손실	보합	작은 이익	큰 이익	작은 이익

[표43]

롱숏 전략은 기간에 상관없이 주식시장하락을 100% 방어를 하기 위한 전략입니다. 선물은 기간과 관계없기 때문입니다. 커버드 콜옵션매도전략은 주식시장의 하락을 100% 방어하지는 않습니다. 특히 시장이 짧은 기간에 크게 하락할 때는 속수무책으로 당할 수 밖에 없습니다. 하지만 장기간에 걸쳐서 콜매도의 수익을 누적시키는 방법으로 주식의 손실을 방어할 수 있습니다. 통계적으로 보면 한 달의 수익이 모여서 지수 하락의 손실을 충분히 방어합니다.

사실 콜매도는 그 자체만으로도 수익이 나는 전략입니다. 선물은 지수가 250에서 시작해서 10년이 흘러서 다시 지수가 250이 된다면 수익이 없습니다. 하지만 콜매도는 그동안 수익을 쌓을 수 있습니다.

실제로 2005년부터 비교해보면 선물은 손실이 났지만, 콜매도는 74%의 수익을 냈습니다.

결국 손익의 변동성은 롱숏 전략이 더 낮기 때문에 장기 투자를 할 때 유리합니다. 하지만 수익은 커버드 콜 전략의 수익이 더 좋습니다. 물론 커버드 콜이 주식만 하는 전략보다는 변동성이 낮은 것은 당연합니다.

변동성으로 보면 다음과 같습니다.

> 롱숏 > 커버드 콜 > 주식 단순매수

이번엔 수익 표로 보면 아래와 같습니다.

지수가 상승했을 때	주식	커버드 콜	롱숏
지수가 보합일 때	커버드 콜	롱숏 = 주식	
지수가 하락했을 때	롱숏	커버드 콜	주식

[표44]

어떤 전략을 선택할지는 사람마다 다르겠지만, 판단할 때 참고할 만한 내용이라 생각합니다.

9.

커버드 콜옵션 전략 테스트

커버드 콜 전략은 주식매수와 콜매도를 합친 것입니다. 따라서 커버드 콜 전략의 수익률은 퀀트 수익률과 콜매도 수익률을 합친 것입니다.

우리가 구한 퀀트 전략은 4월 1일부터 이듬해 4월 1일까지의 수익률입니다. 옵션은 만기가 한 달마다 있고, 만기는 두 번째 목요일이기 때문에 퀀트의 수익률과는 날짜가 차이가 납니다. 하지만 1년 동안의 수익률을 구할 때 하루 이틀 오차는 미미한 수준입니다. 그래서 퀀트의 수익률은 4월 1일부터 이듬해 4월 1일까지를 사용하고, 콜매도는 4월 두 번째 목요일부터 4월 두 번째 목요일까지로 계산합니다.

퀀트 수익률은 미리 정리해 놓은 것이 있으니 그것을 사용하면 됩니다.

< 퀀트 투자 기간 >

2XX1년4월							2XX2년4월						
일	월	화	수	목	금	토	일	월	화	수	목	금	토
	1	2	3	4	5	6		1	2	3	4	5	6
7	8	9	10	11	12	13	7	8	9	10	11	12	13
14	15	16	17	18	19	20	14	15	16	17	18	19	20
21	22	23	24	25	26	27	21	22	23	24	25	26	27
28	29	30	31				28	29	30	31			

< 콜옵션 투자 기간 >

2XX1년4월							2XX2년4월						
일	월	화	수	목	금	토	일	월	화	수	목	금	토
	1	2	3	4	5	6		1	2	3	4	5	6
7	8	9	10	11	12	13	7	8	9	10	11	12	13
14	15	16	17	18	19	20	14	15	16	17	18	19	20
21	22	23	24	25	26	27	21	22	23	24	25	26	27
28	29	30	31				28	29	30	31			

[그림55]

이번엔 콜옵션매도 수익률을 구해보겠습니다. 우선 콜옵션의 과거데이터를 구해야 합니다. 옵션은 과거데이터를 구하기가 쉽지 않습니다. 옵션은 주식과 달리 매달 만기가 있기 때문에 만기가 지나면 HTS에서 데이터를 제공해주지 않습니다. 지난 데이터를 보려면 코스콤에서 데이터를 사야 합니다. 저는 매달 돈을 내고 사용하는 체크단말기를 이용하는데, 여기서도 과거데이터를 볼 수 있습니다.

과거데이터를 구한 다음에는 테스트할 규칙을 세웁니다. 옵션은 만기일 종가에 진입해서 다음 번 만기일 결제를 받는 단순한 전략을 사용합니다. 도중에 손절이나 익절은 하지 않습니다. 그렇게 해야 계산하기가 쉽기 때문입니다.

만기일 진입할 때 콜옵션의 행사가격을 결정하는 방법은 다양합니다. 여기서는 가장 단순한 현재지수에서 7.5포인트 위에 있는 행사가격을 매도해보겠습니다.

만기일 모든 옵션의 종가를 보고 콜옵션과 풋옵션의 가격차가 가장 적게 나는 행사가격을 찾습니다. 그 행사가격이 ATM입니다. 그것을 기준으로 7.5포인트 위에 있는 콜옵션을 매도합니다. 8월물 만기일에 9월물 콜옵션을 종가로 매도했다고 가정하는 것입니다. 그리고 9월물 종가에 만기결제를 받는다고 가정합니다. 9월물 만기일에 KOSPI200지수로 수익이나 손실이 얼마나 났는지를 계산합니다. 주식을 1억 원 매수했다면 콜옵션을 4계약매도한다고 생각하고 계산했습니다.

진입일	8월물 만기일, 종가 진입
청산일	9월물 만기일, 만기 결제
거래 옵션 종류	9월물 콜옵션, ATM+3
거래 수량	4계약

[표45]

테스트 규칙에 따라 10년 동안의 데이터를 테스트해봤습니다. ATM+3 옵션과 ATM+4 옵션 두 종류로 했습니다.

(단위 : %)

	ATM+3(2개매도)	ATM+4(2개매도)
2006년 4월 ~ 2007년 3월	7.06	6.00
2007년 4월 ~ 2008년 3월	-10.56	-7.82
2008년 4월 ~ 2009년 3월	28.84	25.50
2009년 4월 ~ 2010년 3월	4.42	8.47
2010년 4월 ~ 2011년 3월	-7.06	-7.36
2011년 4월 ~ 2012년 3월	32.32	26.21
2012년 4월 ~ 2013년 3월	1.24	-1.53
2013년 4월 ~ 2014년 3월	3.71	2.01
2014년 4월 ~ 2015년 3월	9.71	5.36
2015년 4월 ~ 2016년 3월	4.82	3.89
	74.50	60.73

[표46]

1억 기준의 수익률입니다. ATM+3 옵션은 10년간 74.5%의 수익을 냈고, ATM+4옵션은 60.73%의 수익을 냈습니다. 이것을 월별 데이터로 자세히 보면 콜매도가 어떤 것인지 파악할 수 있습니다.

	k200	행사가	지수 움직임 폭 (포인트)	ATM+3 (포인트)	수익 (포인트)	손익(원) 4계약매도시	ATM+4 (포인트)	수익	손익(원) 4계약 매도 시
2006년 4월		182.5	7.70	0.83	0.63	630,000	0.45	0.45	450,000
2006년 5월	190.20	190.0	-31.89	1.21	1.21	1,210,000	0.71	0.71	710,000
2006년 6월	158.11	157.5	8.85	2.53	1.18	1,180,000	1.87	1.87	1,870,000
2006년 7월	166.35	165.0	4.44	1.83	1.83	1,830,000	1.21	1.21	1,210,000
2006년 8월	169.44	170.0	6.35	1.81	1.81	1,810,000	1.30	1.3	1,300,000
2006년 9월	176.35	175.0	-1.90	0.93	0.93	930,000	0.51	0.51	510,000
2006년 10월	173.10	175.0	6.31	0.89	0.89	890,000	0.48	0.48	480,000
2006년 11월	181.31	182.5	1.07	0.47	0.47	470,000	없음	없음	0
2006년 12월	183.57	182.5	-6.24	0.34	0.34	340,000	0.18	0.18	180,000
2007년 1월	176.26	177.5	6.75	0.57	0.57	570,000	0.29	0.29	290,000
2007년 2월	184.25	185.0	-1.06	0.66	0.66	660,000	0.33	0.33	330,000
2007년 3월	183.94	185.0	11.81	0.85	-3.46	-3,460,000	0.48	-1.33	-1,330,000
						7,060,000			6,000,000
2007년 4월	196.81	195.0	10.51	1.17	-1.84	-1,840,000	0.63	0.12	120,000
2007년 5월	205.51	207.5	16.96	1.13	-8.33	-8,330,000	0.62	-6.34	-6,340,000
2007년 6월	224.46	225.0	17.86	1.53	-8.83	-8,830,000	1.02	-6.84	-6,840,000
2007년 7월	242.86	242.5	-1.50	3.20	3.2	3,200,000	2.30	2.3	2,300,000
2007년 8월	241.00	240.0	-6.14	5.30	5.3	5,300,000	4.45	4.45	4,450,000

날짜									
2007년 9월	233.86	235.0	26.82	4.45	-14.87	-14,870,000	3.55	-13.27	-13,270,000
2007년 10월	261.82	265.0	-15.03	3.80	3.8	3,800,000	3.05	3.05	3,050,000
2007년 11월	249.97	250.0	-4.79	8.35	8.35	8,350,000	7.25	7.25	7,250,000
2007년 12월	245.21	240.0	-10.53	4.95	4.95	4,950,000	3.85	3.85	3,850,000
2008년 1월	229.47	230.0	-14.00	4.15	4.15	4,150,000	3.30	3.3	3,300,000
2008년 2월	216.00	217.5	-13.08	3.75	3.75	3,750,000	2.70	2.7	2,700,000
2008년 3월	204.42	205.0	21.44	3.75	-10.19	-10,190,000	3.05	-8.39	-8,390,000
						-10,560,000			-7,820,000
2008년 4월	226.44	227.5	9.87	3.05	0.68	680,000	2.18	2.18	2,180,000
2008년 5월	237.37	240.0	-18.83	2.40	2.4	2,400,000	1.65	1.65	1,650,000
2008년 6월	221.17	222.5	-26.16	3.25	3.25	3,250,000	2.40	2.4	2,400,000
2008년 7월	196.34	197.5	4.00	3.85	3.85	3,850,000	2.70	2.7	2,700,000
2008년 8월	201.50	202.5	-17.23	2.43	2.43	2,430,000	1.77	1.77	1,770,000
2008년 9월	185.27	187.5	-18.64	2.65	2.65	2,650,000	1.94	1.94	1,940,000
2008년 10월	168.86	170.0	-27.30	6.50	6.5	6,500,000	5.40	5.4	5,400,000
2008년 11월	142.70	142.5	9.43	8.80	6.87	6,870,000	7.75	7.75	7,750,000
2008년 12월	151.93	150.0	7.76	5.70	5.44	5,440,000	4.85	4.85	4,850,000
2009년 1월	157.76	157.5	-3.84	4.60	4.6	4,600,000	3.85	3.85	3,850,000
2009년 2월	153.66	152.5	-4.48	4.05	4.05	4,050,000	3.10	3.1	3,100,000
2009년 3월	148.02	145.0	24.48	3.10	-13.88	-13,880,000	2.39	-12.09	-12,090,000
						28,840,000			25,500,000
2009년 4월	169.48	170.0	6.29	4.05	4.05	4,050,000	3.35	3.35	3,350,000
2009년 5월	176.29	177.5	3.93	2.55	2.55	2,550,000	1.81	1.81	1,810,000
2009년 6월	181.43	180.0	4.72	2.80	2.8	2,800,000	2.12	2.12	2,120,000
2009년 7월	184.72	182.5	19.96	2.95	-9.51	-9,510,000	2.13	-7.83	-7,830,000
2009년 8월	202.46	205.0	9.92	2.00	-0.42	-420,000	1.41	1.41	1,410,000
2009년 9월	214.92	215.0	-3.99	1.86	1.86	1,860,000	1.35	1.35	1,350,000
2009년 10월	211.01	212.5	-5.83	2.96	2.96	2,960,000	2.30	2.3	2,300,000
2009년 11월	206.67	207.5	11.23	2.19	-1.54	-1,540,000	1.51	0.28	280,000
2009년 12월	218.73	215.0	6.19	2.05	2.05	2,050,000	1.38	1.38	1,380,000
2010년 1월	221.19	222.5	-12.77	1.05	1.05	1,050,000	0.66	0.66	660,000
2010년 2월	209.73	207.5	9.26	2.23	0.47	470,000	1.52	1.52	1,520,000
2010년 3월	216.76	217.5	10.77	1.37	-1.9	-1,900,000	0.89	0.12	120,000
						4,420,000			8,470,000
2010년 4월	228.27	227.5	-6.70	1.83	1.83	1,830,000	1.14	1.14	1,140,000
2010년 5월	220.80	220.0	-4.27	2.18	2.18	2,180,000	1.42	1.42	1,420,000
2010년 6월	215.73	217.5	3.28	1.50	1.5	1,500,000	0.95	0.95	950,000
2010년 7월	220.78	220.0	3.96	2.28	2.28	2,280,000	1.45	1.45	1,450,000
2010년 8월	223.96	225.0	6.53	1.62	1.62	1,620,000	1.02	1.02	1,020,000
2010년 9월	231.53	232.5	13.75	1.51	-4.74	-4,740,000	0.92	-2.83	-2,830,000
2010년 10월	246.25	247.5	0.01	1.07	1.07	1,070,000	0.65	0.65	650,000
2010년 11월	247.51	255.0	7.32	1.90	1.9	1,900,000	1.28	1.28	1,280,000
2010년 12월	262.32	260.0	15.52	2.41	-5.61	-5,610,000	1.72	-3.8	-3,800,000
2011년 1월	275.52	275.0	-10.43	1.58	1.58	1,580,000	1.02	1.02	1,020,000
2011년 2월	264.57	265.0	-4.41	1.99	1.99	1,990,000	1.36	1.36	1,360,000
2011년 3월	260.59	260.0	23.15	2.99	-12.66	-12,660,000	2.13	-11.02	-11,020,000
						-7,060,000			-7,360,000

연월									
2011년 4월	283.15	282.5	-2.30	2.11	2.11	2,110,000	1.38	1.38	1,380,000
2011년 5월	280.20	280.0	-7.56	2.70	2.7	2,700,000	1.98	1.98	1,980,000
2011년 6월	272.44	272.5	5.53	3.85	3.85	3,850,000	2.97	2.97	2,970,000
2011년 7월	278.03	277.5	-43.36	3.10	3.1	3,100,000	2.31	2.31	2,310,000
2011년 8월	234.14	232.5	5.97	8.40	8.4	8,400,000	6.90	6.9	6,900,000
2011년 9월	238.47	235.0	3.09	6.40	6.4	6,400,000	5.30	5.3	5,300,000
2011년 10월	238.09	237.5	-1.48	4.50	4.5	4,500,000	3.40	3.4	3,400,000
2011년 11월	236.02	237.5	12.81	5.45	0.14	140,000	4.30	1.49	1,490,000
2011년 12월	250.31	250.0	-6.54	5.00	5	5,000,000	4.20	4.2	4,200,000
2012년 1월	243.46	245.0	19.50	2.26	-9.74	-9,740,000	1.57	-7.93	-7,930,000
2012년 2월	264.50	265.0	-2.15	2.98	2.98	2,980,000	2.15	2.15	2,150,000
2012년 3월	262.85	265.0	-1.05	2.88	2.88	2,880,000	2.06	2.06	2,060,000
						32,320,000			26,210,000
2012년 4월	263.95	265.0	-7.11	1.96	1.96	1,960,000	1.39	1.39	1,390,000
2012년 5월	257.89	257.5	-8.88	2.41	2.41	2,410,000	1.68	1.68	1,680,000
2012년 6월	248.62	247.5	-12.84	3.35	3.35	3,350,000	2.34	2.34	2,340,000
2012년 7월	234.66	235.0	23.08	2.04	-13.54	-13,540,000	1.42	-11.66	-11,660,000
2012년 8월	258.08	260.0	-3.13	2.79	2.79	2,790,000	2.02	2.02	2,020,000
2012년 9월	256.87	257.5	-4.66	2.09	2.09	2,090,000	1.50	1.5	1,500,000
2012년 10월	252.84	252.5	-2.37	2.18	2.18	2,180,000	1.53	1.53	1,530,000
2012년 11월	250.13	250.0	15.79	2.10	-6.19	-6,190,000	1.48	-4.31	-4,310,000
2012년 12월	265.79	262.5	2.45	1.37	1.37	1,370,000	0.86	0.86	860,000
2013년 1월	264.95	265.0	-3.56	1.54	1.54	1,540,000	1.02	1.02	1,020,000
2013년 2월	261.44	262.5	0.87	1.14	1.14	1,140,000	0.67	0.67	670,000
2013년 3월	263.37	262.5	-6.32	2.14	2.14	2,140,000	1.43	1.43	1,430,000
						1,240,000			-1,530,000
2013년 4월	256.18	255.0	2.53	2.34	2.34	2,340,000	1.59	1.59	1,590,000
2013년 5월	257.53	257.5	-13.01	1.95	1.95	1,950,000	1.25	1.25	1,250,000
2013년 6월	244.49	245.0	-1.12	1.38	1.38	1,380,000	0.88	0.88	880,000
2013년 7월	243.88	242.5	0.89	1.92	1.92	1,920,000	1.28	1.28	1,280,000
2013년 8월	243.39	242.5	19.82	1.66	-10.66	-10,660,000	1.06	-8.76	-8,760,000
2013년 9월	262.32	262.5	0.40	1.41	1.41	1,410,000	0.93	0.93	930,000
2013년 10월	262.90	262.5	-4.06	2.00	2	2,000,000	1.36	1.36	1,360,000
2013년 11월	258.44	260.0	-0.95	0.99	0.99	990,000	0.59	0.59	590,000
2013년 12월	259.05	257.5	-3.87	1.24	1.24	1,240,000	0.81	0.81	810,000
2014년 1월	253.63	255.0	-4.03	1.39	1.39	1,390,000	0.88	0.88	880,000
2014년 2월	250.97	250.0	1.09	1.26	1.26	1,260,000	0.73	0.73	730,000
2014년 3월	251.09	252.5	9.91	0.90	-1.51	-1,510,000	0.47	0.47	470,000
						3,710,000			2,010,000
2014년 4월	262.41	262.5	-8.66	0.69	0.69	690,000	0.37	0.37	370,000
2014년 5월	253.84	255.0	7.01	0.53	0.53	530,000	0.26	0.26	260,000
2014년 6월	262.01	262.5	-3.33	0.64	0.64	640,000	0.35	0.35	350,000
2014년 7월	259.17	260.0	5.88	0.67	0.67	670,000	0.34	0.34	340,000
2014년 8월	265.88	267.5	-7.70	0.74	0.74	740,000	0.38	0.38	380,000
2014년 9월	259.80	260.0	-11.64	0.82	0.82	820,000	0.46	0.46	460,000
2014년 10월	248.36	250.0	0.11	1.03	1.03	1,030,000	0.59	0.59	590,000

2014년 11월	250.11	250.0	-4.46	1.15	1.15	1,150,000	0.70	0.7	700,000
2014년 12월	245.54	245.0	-1.06	0.78	0.78	780,000	0.47	0.47	470,000
2015년 1월	243.94	242.5	5.21	1.20	1.2	1,200,000	0.68	0.68	680,000
2015년 2월	247.71	247.5	2.78	0.86	0.86	860,000	0.46	0.46	460,000
2015년 3월	250.28	252.5	5.83	0.60	0.6	600,000	0.30	0.3	300,000
						9,710,000			5,360,000
2015년 4월	258.33	257.5	6.19	0.98	0.98	980,000	0.58	0.58	580,000
2015년 5월	263.69	265.0	-12.68	0.83	0.83	830,000	0.53	0.53	530,000
2015년 6월	252.32	252.5	-5.73	1.15	1.15	1,150,000	0.69	0.69	690,000
2015년 7월	246.77	247.5	-10.18	1.34	1.34	1,340,000	0.85	0.85	850,000
2015년 8월	237.32	237.5	-0.32	0.99	0.99	990,000	0.54	0.54	540,000
2015년 9월	237.18	235.0	11.02	1.15	-2.37	-2,370,000	0.60	-0.42	-420,000
2015년 10월	246.02	245.0	0.14	1.40	1.4	1,400,000	0.84	0.84	840,000
2015년 11월	245.14	245.0	-4.40	1.08	1.08	1,080,000	0.61	0.61	610,000
2015년 12월	240.60	237.5	-6.12	1.44	1.44	1,440,000	0.94	0.94	940,000
2016년 1월	231.38	232.5	-5.80	1.49	1.49	1,490,000	0.90	0.9	900,000
2016년 2월	226.70	227.5	13.93	1.92	-4.51	-4,510,000	1.25	-2.68	-2,680,000
2016년 3월	241.43	242.5	6.39	1.00	1	1,000,000	0.51	0.51	510,000
						4,820,000			3,890,000

[표47]

콜매도는 지수가 크게 상승할 때 손실을 보고, 지수가 조금만 오르거나 하락하면 수익을 냅니다. 매달 수익이 조금씩 쌓이는 구조입니다.

이번엔 콜옵션매도와 퀀트를 같이 보겠습니다.

(단위 : %)

연도	콜매도 수익률	1전략 (PER)	2전략 (PER)	3전략 (PBR)	4전략 (PBR)	마법공식
2006	7.06	39	38	50	43	5.5
2007	-10.56	40	32	33	37	28.5
2008	28.84	-37	-40	-42	-37	-49.6
2009	4.42	54	54	37	46	61.3
2010	-7.06	51	41	12	7	5.8
2011	32.32	45	51	30	27	
2012	1.24	16	15	24	22	
2013	3.71	20	24	29	27	
2014	9.71	44	34	52	48	
2015	4.82	40	19	8	13	

[표48]

(단위 : %)

연도	1전략 커버드 콜	2전략 커버드 콜	3전략 커버드 콜	4전략 커버드 콜
2006	46.06	45.06	57.06	50.06
2007	29.44	21.44	22.44	26.44
2008	-8.16	-11.16	-13.16	-8.16
2009	58.42	58.42	41.42	50.42
2010	43.94	33.94	4.94	-0.06
2011	77.32	83.32	62.32	59.32
2012	17.24	16.24	25.24	23.24
2013	23.71	27.71	32.71	30.71
2014	53.71	43.71	61.71	57.71
2015	44.82	23.82	12.82	17.82

[표49]

퀀트 전략에서 큰 손실이 났던 2008년에 콜매도전략에서는 수익이 납니다. 콜매도가 충분히 퀀트 전략을 보완해줄 수 있는 것이죠. 2007년과 2010년의 경우에는 콜매도에서 손실이 나지만, 퀀트 전략에서는 큰 수익이 납니다.

하지만 장기적(2006년부터 2015년까지)으로 보면 콜옵션매도를 한 커버드 콜 전략은 퀀트 전략보다 74.50% 더 수익이 높습니다. 커버드 콜 전략이 롱숏 전략보다 더 좋은 점이 바로 여기에 있습니다. 선물매도는 지수가 상승하면 변동성은 줄지만, 수익도 지수 상승폭만큼 줄어듭니다. 하지만 커버트 콜 전략은 그 전략만으로도 수익이 납니다. 10년간 74.50%의 수익이 났는데, 같은 기간에 롱숏 전략의 선물매도는 손실이 났습니다.

그런데 만약 1억 원을 투자해서 10년 동안 커버드 콜 전략을 썼다면 어떻게 됐을까요?

(단위 : %)

연도	1전략 커버드 콜	2전략 커버드 콜	3전략 커버드 콜	4전략 커버드 콜
2006	146,060,000	145,060,000	157,060,000	150,060,000
2007	189,060,064	176,160,864	192,304,264	189,735,864
2008	173,632,763	156,501,312	166,997,023	174,253,417
2009	275,069,023	247,929,378	236,167,190	262,111,991
2010	395,934,351	332,076,609	247,833,849	261,954,723
2011	702,070,792	608,762,839	402,283,904	417,346,265
2012	823,107,796	707,625,924	503,820,361	514,337,537
2013	1,018,266,655	903,709,068	668,620,001	672,290,595
2014	1,565,177,675	1,298,720,301	1,081,225,403	1,060,269,498
2015	2,266,690,309	1,608,075,477	1,219,838,500	1,249,209,522

[표50]

퀀트 커버드 콜 전략으로 10년간 운용했다면 12억~22억 원까지 수익이 났을 것입니다. 12~22배의 수익을 낼 수 있었던 것이죠. 물론 손익의 변동도 낮았습니다. 이처럼 커버드 콜 전략은 손익의 변동을 낮춰서 장기 투자를 편안하게 할 수 있을 뿐 아니라, 수익도 상당히 많이 나는 전략입니다.

TIP BOX 등가격 구하는 법

행사가격은 2.5포인트로 나눠져 있습니다. 250, 252.5, 255, 257, 5 260 등입니다.

실제로 HTS에서는 KOSPI200지수가 가장 가까운 행사가를 ATM으로 계산합니다. KOSPI200지수가 251.00이라면 ATMDMS 250이 되고, 252이라면 252.5가 되는 것입니다. 그런데 선물과 옵션은 KOSPI200지수보다 15분 늦게 마감합니다. 종종 그 사이에 시장의 변동이 생기기 때문에 KOSPI200과 가깝다고 ATM 으로 삼기에는 부적절할 때가 있습니다. 그것보다 콜옵션과 풋옵션의 차이를 계산하는 것이 더 적절하다고 생각합니다.

옵션시세표를 보시면 가운데 행사가격이 있습니다. 행사가격 255를 보겠습니다. 행사가격 왼쪽이 콜옵션 가격이고 오른쪽이 풋옵션 가격입니다.

행사가격 255의 콜옵션은 3.31입니다. 풋옵션은 4.30입니다. 차이는 0.99입니다. 행가가격 257.5를 보겠습니다. 콜옵션은 2.15이고, 풋옵션은 5.65으로, 차이는 3.5입니다. 이번엔 행사가격 252.5의 콜옵션과 풋옵션을 보겠습니다. 4.73과 3.22입니다. 차이는 1.51입니다.

 같은 행사가격의 콜옵션과 풋옵션의 차이를 보면 255가 제일 작습니다.

그래서 이것을 ATM이라 간주합니다.

커버드 콜옵션 전략
응용법

사람들은 커버드 콜옵션 전략을 통해 수익을 더 높이고, 손익의 변동성을 줄이기 위해 여러 가지 응용을 합니다.

그중 행사가를 높이고, 수량을 늘리는 것이 가장 흔한 전략입니다. 콜옵션 262.5를 2개 매도하는 것을 콜옵션 265를 3~4개 매도하는 것입니다. 혹은 267.5를 5~6개 매도하는 것입니다. 이것은 수익은 비슷하지만, 지수가 훨씬 더 많이 상승해야 수익이 발생하게 됩니다. 즉 손실 발생 지점, 시점을 멀리 둬서 손실될 가능성을 낮추는 것입니다.

하지만 치명적인 단점이 있습니다. 가능성은 낮췄지만, 손실이 나기 시작하면 걷잡을 수 없을 만큼 빠르게 증가할 수 있다는 점입니다.

예를 들어 보겠습니다. 옵션시세표를 보면 콜옵션 262.5는 0.71이고, 콜옵션 267.5는 0.17입니다. 콜옵션 262.5는 17만 7,500원을 매도하는 것이고, 콜옵션 267.5를 4개 매도하면 0.68이니까 17만 원을 매도하는 것입니다. 비슷한 가격만큼 매도하는 것이죠.

지수가 올라가면 수익구간은 267.5를 매도한 것이 더 넓지만, 손실이 나기 시작하면 빠르게 증가합니다.

	매도금액	지수 260 일 때 손익	지수 262.5 일 때 손익	지수 265 일 때 손익	지수 267.5 일 때 손익	지수 270 일 때 손익	지수 272.5 일 때 손익
262.5 1개매도	17만 7,500원	17만 7,500원 수익	17만 7,500원 수익	44만 7,500원 손실	107만 2,500원 손실	169만 7,500원 손실	232만 2,500원 손실
267.5 4개매도	17만 원	17만 원 수익	17만 원 수익	17만 원 수익	17만 원 수익	233만 원 손실	483만 원 손실

[표51]

옵션은 행사가격을 넘어서면 선물과 같아집니다. 따라서 4개를 매도해서 손실이 발생한다면 1개를 매도한 것보다 4배 빠른 속도로 손실이 커집니다. 이것을 꼭 염두에 둬야 합니다.

콜옵션의 행사가격을 시장상황에 따라 조정하는 방법도 있습니다. 시장이 상승하기 힘들다고 생각되면 조금 비싼 옵션을 매도하고, 상승 가능성이 높다고 생각하면 좀 싼 옵션을 매도하는 것입니다. 혹은 장기이동평균선과 단기이동평균선의 골든크로스와 데드크로스를 보고 옵션의 가격을 결정하는 방법도 있습니다. 이것은 제가 직접 테스트하지 않아서 성과를 확신할 수는 없지만, 확고한 믿음을 가진 분도 있습니다.

> **TIP BOX 증거금**
>
> 선물과 옵션을 거래하려면 증거금이 필요합니다.
>
> 선물 1계약은 6,250만 원 정도인데 8.25% 정도인 516만 원의 증거금만 있으면 거래할 수 있습니다. 그리고 그 516만 원 중 50%인 258만 원은 현금이 필요하고, 나머지 258만 원은 주식이나 채권 등으로 대용을 잡을 수 있습니다.
>
> 즉 6,250만 원의 주식이 있고, 선물을 매도해서 롱숏 전략을 만들고 싶다면 258만 원의 현금만 추가로 있으면 된다는 의미입니다. 물론 선물에서 손실이 나면 추가로 필요합니다만, 매우 적은 금액으로 상호보완 전략을 할 수 있다는 큰 장점이 있습니다.
>
> 콜옵션을 매도할 때도 증거금이 필요합니다. 옵션은 선물과 달라서 현금이 전혀 없어도 콜옵션을 매도할 수 있습니다. 주식을 대용으로 사용하면 증거금이 생기기 때문입니다. 대략 주식의 70~80% 정도를 증거금으로 인정해줍니다. 따라서 주식을 매수하고 그 주식을 대용 잡고, 콜옵션을 매도한다면, 이론상 추가 현금이 전혀 들지 않습니다. 결제를 받아서 콜옵션에서 손실이 난다면 현금이 필요하겠지만, 그 전까지는 없어도 운용할 수 있습니다.
>
> 롱숏 전략이나 커버드 콜 전략을 사용할 때 가지고 있는 주식의 대용을 잡

는다면 추가 현금이 조금만 있어도 전략을 쓸 수 있습니다. 이것이 매우 유리한 점입니다.

QUANT STOCK

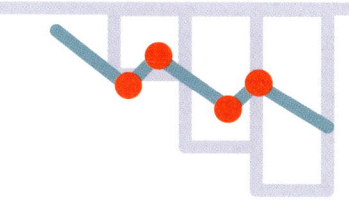

5부

합성옵션 전략

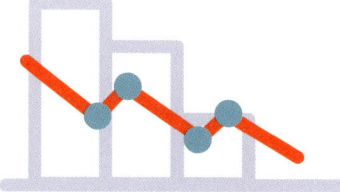

1.
합성옵션은
어떤 전략인가

　한가지의 옵션을 매수하거나 매도하는 것을 '네이키드 매매'라고 하고, 여러 종류의 옵션으로 동시에 매수·매도포지션을 보유하고 있는 것을 '합성전략'이라고 합니다.

　네이키드 매매는 방향성 매매라고도 합니다. 기초자산인 KOSPI200지수이 상승인가 하락인가에 대해 단순한 수익구조를 갖습니다. 콜매수와 풋매도는 KOSPI200지수가 상승하면 수익이 나는 구조입니다. 반대로 이야기하면 풋매수와 콜매도는 KOSPI200지수가 하락하면 수익이 나는 구조입니다.

　합성옵션은 여러 종류의 옵션을 매수포지션과 매도포지션을 다양하게 보유하면서 투자자가 원하는 수익구조를 만들 수 있습니다. 시장상황에 따라 민감하게 반응하게 만들 수도 있고, 안정적으로 손익이 변하게 만들 수도 있습니다. 같은 포지션이라도 KOSPI200지수가 어떻게 상승하느냐(급격한 상승일 때, 완만한 상승일 때, 상승과 하락을 반복하면서 상승할 때)에 따라 수익이 달라집니다.

합성옵션 투자를 하는
이유와 장단점

> 1 논리적이다.
> 2 원하는 구조로 만들 수 있다.
> 3 관리하기 좋다.
> 4 증거금

　　합성 투자는 논리적, 경험적으로 수익이 나는 전략입니다. 대부분 합성 투자 전략의 수익 원천은 옵션매도인데 옵션은 시간이 흐를수록 가격이 하락합니다. 이것을 시간가치라고 부릅니다. 만기가 되면 시간가치는 0이 됩니다. 시간이 흐를수록 0에 수렴되는 옵션을 매도하기 때문에 안정적인 수익을 낼 수 있습니다.

시장은 오를 수도 있고 내릴 수도 있습니다. 예측이 늘 맞을 수는 없습니다. 하지만 시간은 꾸준히 흘러간다는 점이 중요합니다. "시장이 꼭 상승한다"거나 "시장이 100% 하락한다"는 이야기는 거짓말입니다. 오를 가능성이 높을 수 있고, 하락할 확률이 높을 수는 있지만 100%는 절대 있을 수 없습니다. 하지만 만기가 될 확률은 100% 입니다. 그리고 만기가 되면 시간가치는 0이 되는 것도 100%의 확률입니다. 합성옵션 투자는 이 점을 이용합니다.

경험이 많은 노련한 트레이더는 좋은 타이밍에만 진입하고 청산해서 높은 승률과 수익을 낼 수 있지만, 대부분의 트레이더들의 수익은 들쭉날쭉하며 장기적으로 손실로 끝납니다. 반면 합성옵션 투자를 하는 사람들은 꾸준한 성과를 내면서, 장기적으로 수익을 내는 경우가 많습니다.

실제로 스스로 자기계좌를 운용하는 전업 투자자를 만나봤을 때도 꾸준하게 수익을 올리는 쪽은 합성 투자자들이었고, 네이키드 전략으로 매매를 하는 쪽은 장기적으로 손실을 봤습니다. 개인적으로는 합성 투자가 구조적으로 유리하고, 네이키드 전략은 불리하다고 생각합니다.

두 번째 장점으로는 합성옵션 전략은 운용자가 원하는 손익구조를 만들 수 있다는 점을 들 수 있습니다. 손실·수익 구간 등으로 나눠서 손익구조를 만들 수 있죠. 특히 스프레드 같은 경우에는 최대손실을 정할 수 있는데, 최대손실을 정하면 시상이 아무리 하락하거나 상승하더라도 그 이상의 손실이 나지 않습니다. 예를 들면 최대손실을 2%로 정하고 포지션을 만들었다면 주가지수가 50%가 하락하더라도 손실은 2%로만 가능합니다.

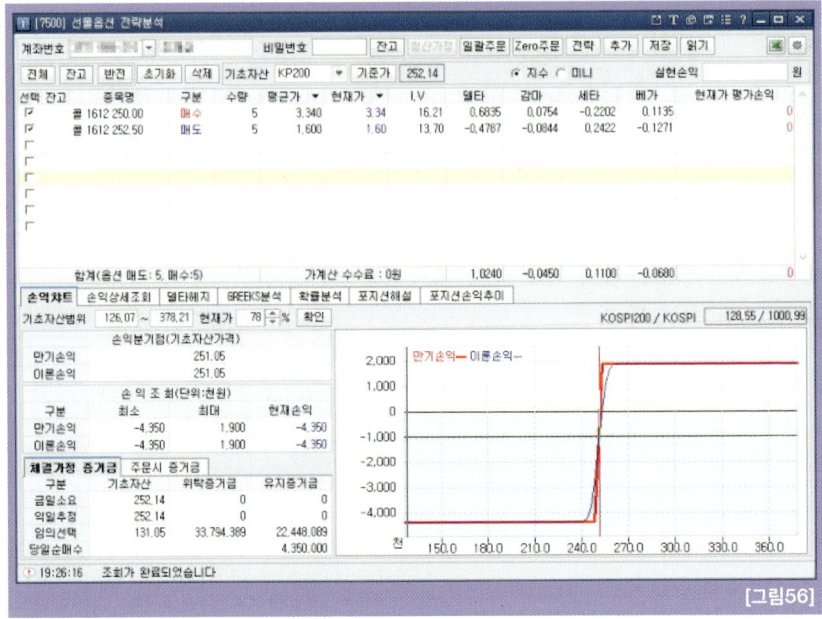

[그림56]

이번 그림은 스프레드입니다. 손익구조를 보면 손실과 수익이 일정합니다. 지수가 아무리 하락해도 최대손실은 217만 5,000원입니다. 만약 1억 원이 원금이라면 대략 최대손실은 2% 정도입니다.

세 번째 장점은 원하는 손익구조를 만들 수 있기 때문에, 리스크 관리도 쉬워지며 안정적으로 운용을 할 수 있는 것입니다. 주가지수의 상승과 하락을 예측하는 매매에서 벗어나 큰 흐름만 파악하면서 매매할 수도 있고, 최대손실을 정해 놓으면 마음이 더욱 편안해져서 조급하게 판단하지 않을 수 있습니다.

    네 번째 장점은 증거금입니다. 주식이나 채권을 보유한 사람에게 합성 투자는 추가로 수익을 얻을 수 있는 기회입니다. 옵션을 거래할 때는 증거금이 필요합니다. 증거금을 현금으로 넣을 수도 있지만, 대용증권제도를 이용해서 보유하고 있는 주식이나 채권을 증거금으로 이용할 수 있습니다. 따라서 퀀트 전략으로 주식을 매수했다면, 추가 금액 없이 매수한 주식을 대용증권으로 이용해서 합성옵션 전략을 사용할 수 있습니다. 하나의 땅에서 이모작을 하듯이 하나의 돈으로 주식도 사고 옵션도 거래할 수 있는 것입니다.

합성옵션 전략을 하기 위한 배경지식

'합성'이란 단어는 여러 종류를 섞는다는 뜻입니다. 합성옵션은 여러 종류의 옵션을 섞어서 포지션을 짠다는 뜻으로, 단순한 손익구조를 다양한 손익구조로 만드는 것을 의미합니다.

합성옵션 전략을 하는 사람은 옵션 한 종목의 가격 움직임은 당연히 알아야 하고, 그 옵션들을 더했을 때 전체 포지션의 가격이 어떻게 변할지 예측하면서 매매해야 합니다.

옵션의 가격을 결정하는 것은 5가지의 요소입니다. 이것들을 그릭스(Greeks)라고 부르는데 그리스 문자 δ, Γ, Θ, ν, ρ(델타, 감마, 세타, 베가, 로우)로 표기합니다. 그래서 옵션의 가격요소를 그릭스(또는 민감도)라고 부릅니다. 이제 이것을 토대로 옵션의 가격이 어떻게 움직이는지 살펴보겠습니다.

우선 델타는 기초자산의 가격 변화에 대한 옵션의 변화로 정의가 됩니다. 즉 KOSPI200지수가 얼마나 상승했느냐, 또는 얼마나 하락했느냐를 말합니다. 감마는 KOSPI200지수가 얼마나 빨리 상승, 하락했느냐를 보는 것입니다. 세타는 우리가 시간가치라고 부르는 것으로 시간이 지날수록 조금씩 옵션가격이 하락하는 것을 의미합니다. 베가는 KOSPI200지수의 변동성을 의미합니다. 변동성이 클수록 옵션의 가격은 비싸집니다. 로우는 이자율을 의미하지만 큰 의미는 없다고 봐도 무방합니다.

이론상으로는 다섯 가지 요인이 옵션의 가격을 변화시킨다고 하지만 실제로 매매하다 보면 합쳐서 '가능성'으로 표현할 수 있습니다. 즉 만기결제를 받을 때 얼마로 결제될 것인가에 대한 가능성이 옵션 가격이라고 생각하면 됩니다. 비싸게 결제받을 가능성이 높으면 옵션 가격도 높아지고, 가능성이 낮을 수록 0원에 수렴하게 됩니다.

콜옵션의 경우를 생각해보면 더 쉽게 알 수 있습니다.

우리가 콜옵션 255를 1계약 2만 8,000원에 매수한다고 가정해보겠습니다. KOSPI200지수가 252이라면 만기결제를 받을 때 0원이 될 것입니다. 그러니 지금 가격인 2만 8,000원은 오로지 '지수가 오를 가능성'에 대한 가격입니다. 옵션은 지금 당장 만기결제를 받는다면 얼마를 받을 것인가를 보는 내재가치와 만기까지 남은 기간에 얼마나 오를 가능성이 있는지를 보는 시간가치로 나눕니다. 즉, 콜옵션

255는 현재 시간가치만 2만 8,000원이 있고, 내재가치는 0원입니다.

KOSPI200지수가 점점 올라서 255 근처까지 가면 콜옵션의 가격은 점점 높아집니다. 만기 때 수익이 날 가능성이 높아지기 때문입니다. KOSPI200지수가 255를 넘어가게 되면 내재가치가 생기게 됩니다. 그때부터는 만기결제를 받으면 수익이 날 수도 있습니다.

갑자기 KOSPI200지수가 급등하면 옵션의 가격도 크게 오릅니다. 가능성이 높아졌기 때문입니다. 이것이 옵션의 재미있는 특징입니다.

KOSPI200지수가 큰 움직임이 없는데 시간이 지나가면 옵션의 가격은 하락합니다. 심지어 KOSPI200지수가 조금씩 오르더라도 시간이 지나가면 옵션 가격은 하락하게 됩니다. 만기 때까지 KOSPI200지수가 움직일 수 있는 시간이 줄어들기 때문입니다. 만기 때까지 시간이 줄어들면 오를 수 있는 가능성이 줄어듭니다. 우리는 이것을 "시간가치가 감소한다"고 말하는데 시간가치의 감소폭이 지수의 상승보다 더 크게 영향을 미치면 지수가 조금 오르더라도 콜옵션의 가격은 하락하게 됩니다.

시장의 변동성이 커지면 한 번에 움직일 수 있는 폭, 하루에 움직일 수 있는 폭도 커집니다. 즉 오를 때 많이 오를 수 있는 분위기가 됩니다. 이렇게 되면 옵션 가격은 오릅니다. 투자자들은 대부분 한 번 오르면 크게 오를 것이라고 생각하기 때문입니다.

결국 옵션은 비싸게 결제될 가능성이 높아지면 오르고, 가능성이 낮아지면 하락한다고 생각하면 이해하기 쉽습니다.

이런 복잡한 옵션을 여러 개를 모아놓은 것이 합성 전략입니다.

시장이 크게 오른다면 싼 콜옵션은 어떻게 반응하는지, 비싼 콜옵션은 어떻게 반응하는지, 싼 풋옵션은 어떻게 반응하는지, 비싼 풋옵션은 어떻게 반응하는지를 생각하고 여러 개의 옵션을 섞어놓는 것입니다. 일부의 옵션에서 손실이 나고, 다른 옵션에서 수익이 나면서 수익이 나기도 하고 손실이 나기도 합니다. 그리고 여러 개의 옵션의 손익을 전부 더한 것이 합성옵션의 손익이 됩니다. 그럼 이어서 이런 매매를 어떻게 시작하게 됐는지와 어떤 방법으로 활용하는지 알아보겠습니다.

4.

매매 경험 증가를 통해 변하는 합성옵션 전략

합성옵션 전략을 처음 운용하게 되면 스트래들(straddle)과 스트랭글(strangle)매도 전략을 해보는 게 일반적입니다. 우리는 '양매도'라고 부르는 이 전략이 합성옵션의 기본인데, 각 옵션의 성격을 이해하기에 아주 좋습니다. 금융이론을 전공해서 옵션에 대해서 많이 알고 있는 분들도 양매도 전략으로 한 달 정도 운용해보면, 글로 배운 이론을 많이 습득하게 될 겁니다. 옵션의 가격이 어떻게 움직이는지, 콜옵션과 풋옵션이 조합되면 어떻게 되는지, 헷지는 어떻게 해야 하는지 알 수 있기 때문입니다.

1) 스트래들

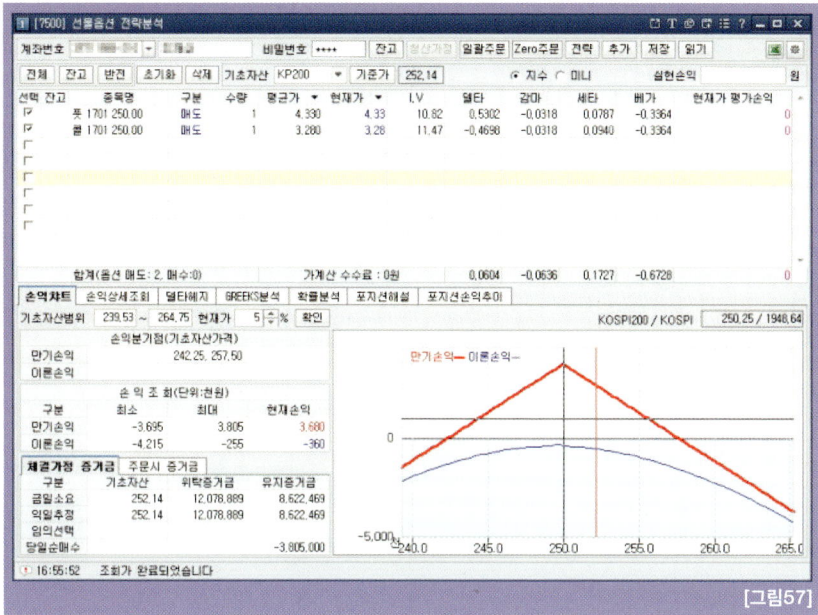

[그림57]

스트래들 전략은 같은 행사가의 콜옵션과 풋옵션을 동시에 매도하는 전략을 말합니다. 콜옵션이 상승해서 손실이 날 때 풋옵션이 하락해서 수익이 나는 구조로, 주가지수가 크게 하락하거나 상승하지 않는다면 수익이 나는 구조입니다. 특히 지수가 박스권에서 등락을 거듭할 때 효과적인 전략입니다.

2) 스트랭글

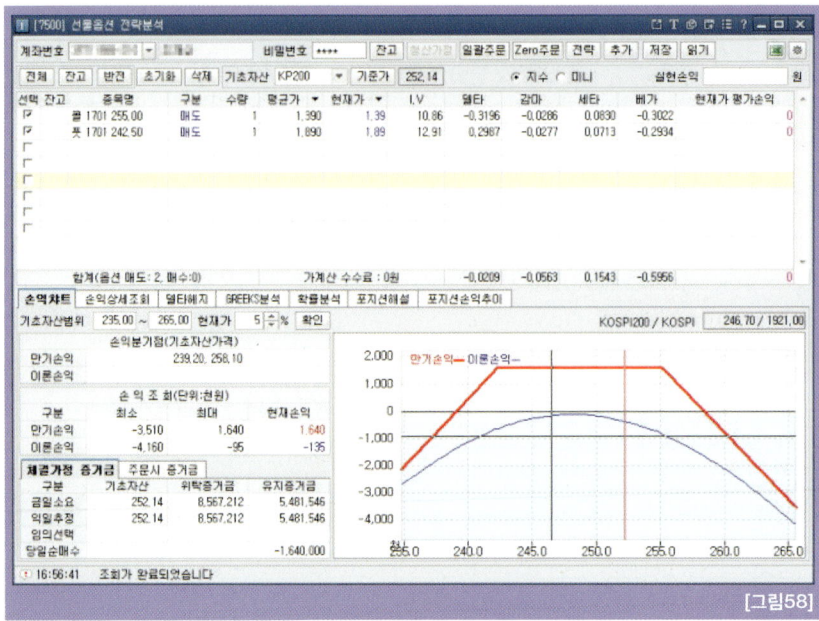

[그림58]

스트랭글 전략은 콜옵션과 풋옵션을 외가의 싼 옵션을 매도하는 전략을 말합니다. 스트래들 전략과 비슷하지만, 수익은 낮고 승률은 높은 전략입니다.

3) 레이쇼

양매도 전략을 사용하다 보면 수량을 늘리거나 줄이고, 비싼 옵션을 매도하다가 싼 옵션으로 옮기기도 합니다. 콜옵션은 비싼 것으로, 풋옵션은 싼 것으로 균형을 맞추기도 하면서 다양한 시도를 합니다. 누가 시키지 않아도 매매를 하다 보면 자기에게 맞는 방법으로 바뀌가는 것이죠. 그리고 점차 옵션매수를 넣게 됩니다. 이때 매도한 옵션보다 비싼 옵션을 넣으면 레이쇼(ratio)가 됩니다. 비싼 옵션은 시간가치의 영향을 천천히 받게 되고, 싼 옵션은 시간가치의 영향을 많이 받습니다. 이것을 이용한 것이 레이쇼 전략입니다.

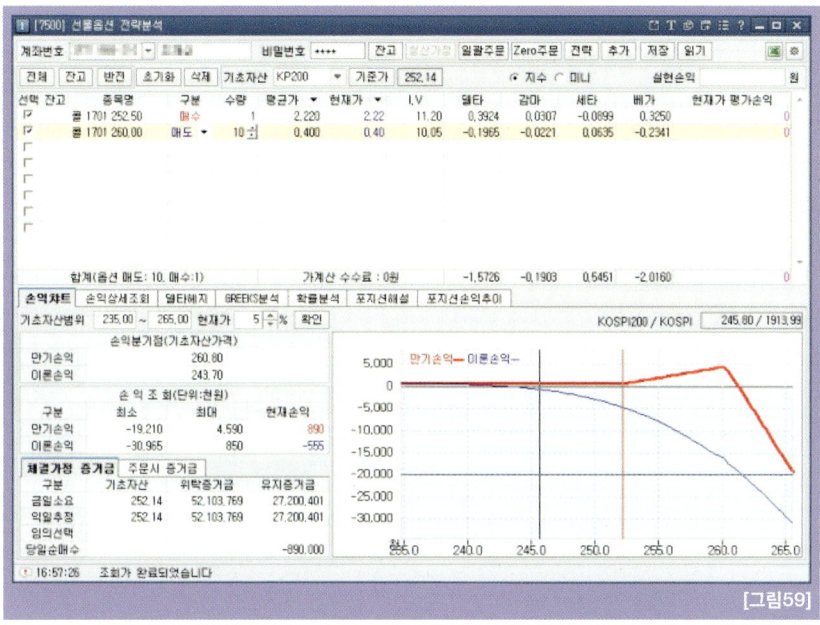

[그림59]

레이쇼 전략은 비싼 옵션을 매수하고, 싼 옵션을 많이 매도하는 전략으로 매도금액이 더 많을 수도 있고, 더 적을 수도 있습니다. 이것을 사용하면 기초자산의 변화에 손익이 조금 더 천천히 움직이게 됩니다. 손익이 천천히 움직이니 리스크를 줄이는 안전한 전략으로 목표수익을 높이고, 수량을 늘리게 됩니다. 또 조금 더 비싼 옵션으로 거래하면서 리스크를 키우다가 시장이 크게 변동할 때 큰 손실을 보기도 합니다.

4) 스프레드

대부분 큰 손실을 보고 나면 손실에 제한을 두는 스프레드(spread) 전략을 선호하게 됩니다. 스프레드는 최대수익과 최대손실을 정해 놓기 때문에 마음이 편한 매매죠. 리스크와 수익을 운용자가 정하기만 하는, 아주 간단하면서도 응용할 수 있는 부분이 많은 방법입니다.

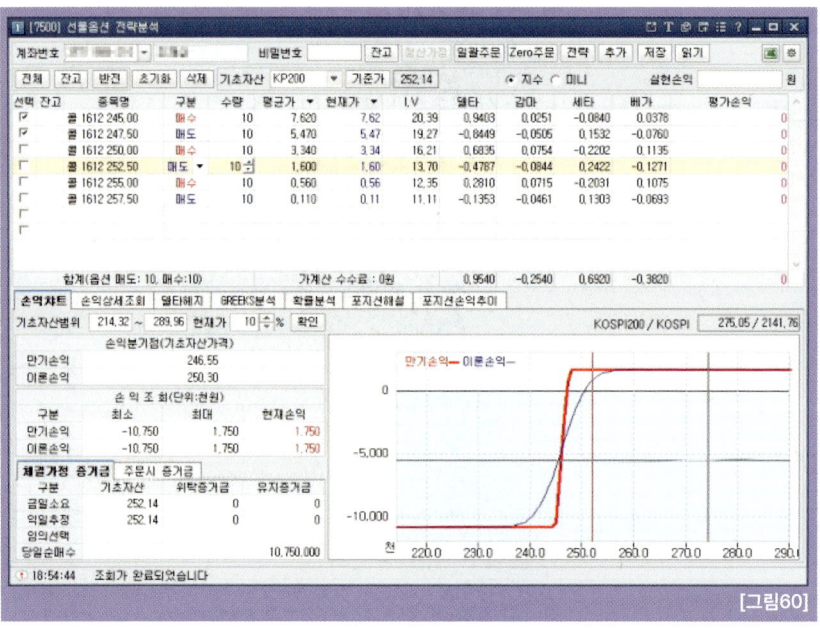

[그림60]

최대수익	최대손실	수익구간	손실구간
87만 5,000원	537만 5,000원	247.50(KOSPI200) 이상 1,927(종합주가지수) 이상	245(KOSPI200) 이하 1,907(종합주가지수) 이하

[표52]

같은 옵션과 수량을 행사가격만 달리 매수·매도하며, 수익과 손실을 정해 놓는 전략입니다.

현재 KOSPI200지수는 252.14포인트이고, 종합주가지수가 1,963 포인트입니다. 만기는 일주일이 남았습니다. 일주일 동안 종합주가지수가 1,927 이하로 떨어지지 않는다면 87만 5,000원의 수익을 얻습니다. 만약에 지수가 크게 하락해서 1,907 이하가 된다면 손실은 537만 5,000원입니다.

수익은 87만 5,000원이고, 손실은 537만 5,000원으로 손실이 수익보다 6배나 더 많습니다. 하지만 수익이 날 확률이 월등하게 높습니다.

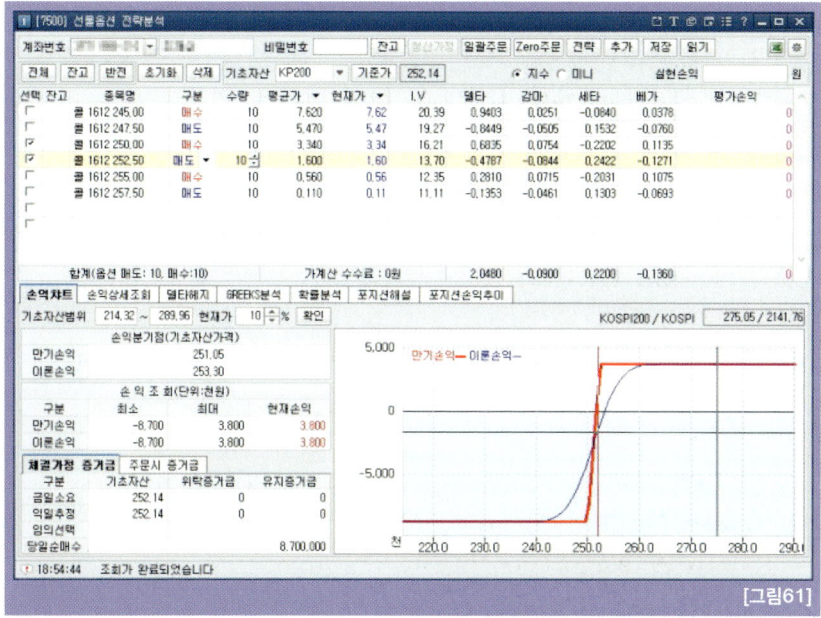

[그림61]

최대수익	최대손실	수익구간	손실구간
380만 원	870만 원	252.5(KOSPI200) 이상 1,966(종합주가지수) 이상	250(KOSPI200) 이하 1,946(종합주가지수) 이하

[표53]

5부 합성옵션 전략

이번엔 KOSPI200지수는 252.14포인트이고, 종합주가지수가 1,963포인트입니다. 만기는 일주일이 남았습니다. 일주일 동안 종합주가지수가 1,966 이상이 된다면 190만 원의 수익입니다. 지금 지수에서 끝나더라도 수익입니다. 만약 지수가 계속 하락해서 1,946 이하가 된다면 435만 원의 손실을 보게 됩니다. 지금 지수에서 끝나면 수익이기 때문에 승률이 더 높습니다. 그리고 최대수익금액이 최대손실금액에 비해서 적습니다.

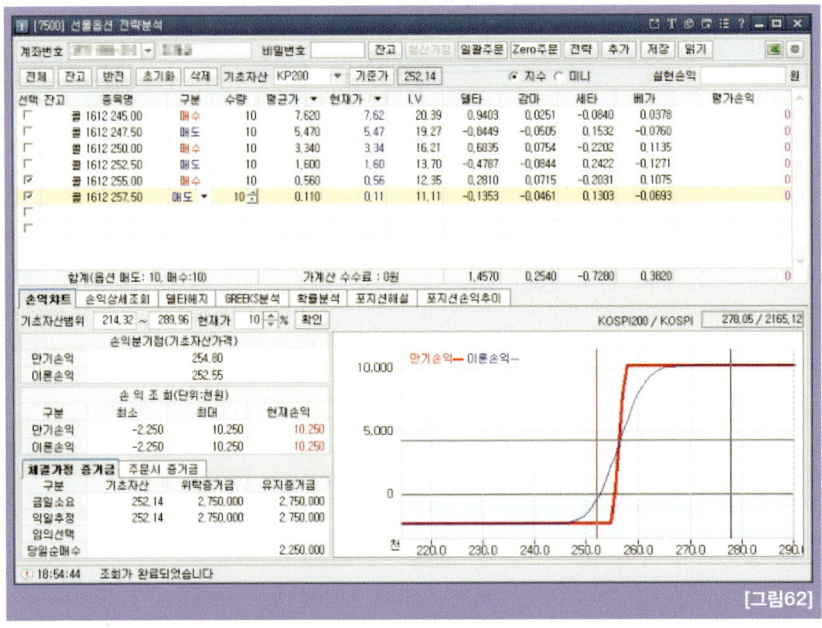

[그림62]

최대수익	최대손실	수익구간	손실구간
512만 5,000원	112만 5,000원	257.5(KOSPI200) 이상 2,005(종합주가지수) 이상	255(KOSPI200) 이하 1,985(종합주가지수) 이하

[표54]

다시 현재 KOSPI200지수는 252.14포인트이고, 종합주가지수가 1,963포인트일 때를 보겠습니다. 만기는 일주일이 남았습니다. 일주일 동안 종합주가지수가 2,005포인트 이상으로 올라가야지 수익이 납니다. 수익이 날 확률이 무척 적습니다. 만약 현 지수에서 끝난다 112만 5,000원 손실입니다. 수익이 날 확률은 극히 낮고, 손실이 될 확률은 높습니다. 그래서 최대손실이 더 큽니다.

3개 모두 같은 스프레드 전략이지만, 최대수익과 최대손실 구간을 다르게 만들 수 있습니다. 보통 시장을 예측하지 못하면 승률이 높은 전략을 택하고 시장의 방향에 확신이 있다면 수익이 높은 전략을 택합니다.

5) 콘돌

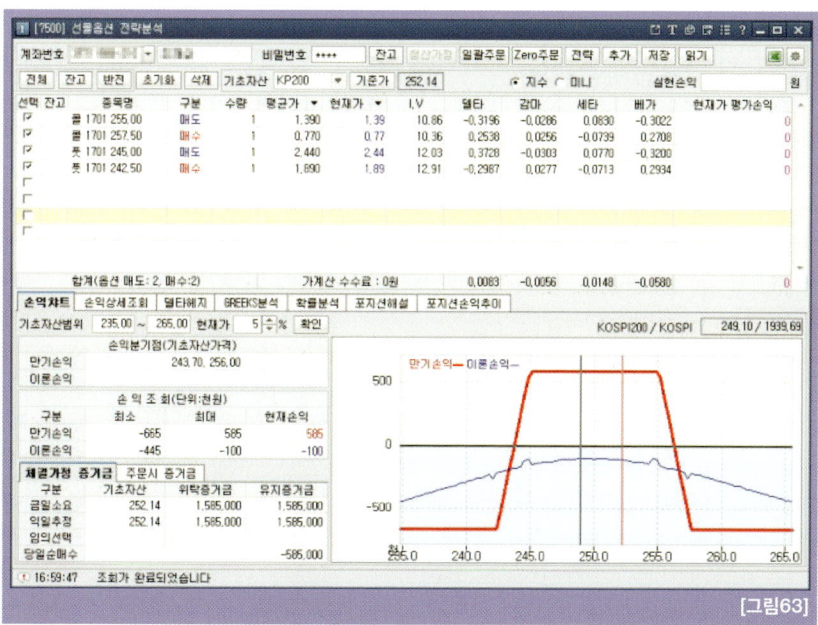

[그림63]

이번엔 스프레드를 응용해서 콘돌(condor)이라는 전략을 하기도 하고, 다른 월물과 섞는 타임스프레드 전략도 해봅니다. 최대손실을 정해놓은 투자는 해볼수록 마음이 편하고 느긋해질 것입니다.

위 그림을 보시면 콘돌 전략은 스프레드를 2개 붙인 듯한 형태로, 손익구조가 모자처럼 생겼고, 수익도 손실도 고정됐음을 확인할 수 있습니다.

6) 타임스프레드

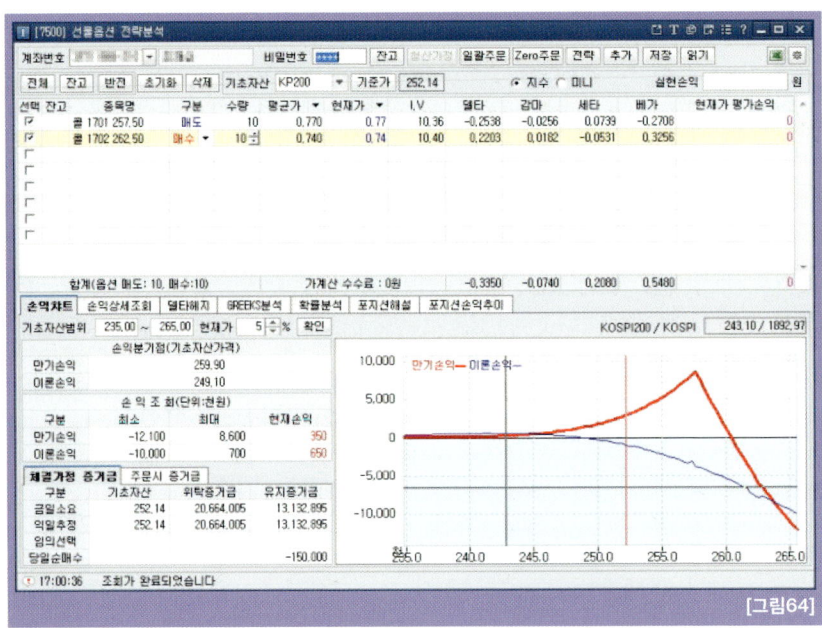

[그림64]

타임스프레드 전략은 다른 월물의 옵션을 같은 수량으로 매수·매도하는 것입니다. 손익은 지수보다 변동성에 영향을 받으며, 변동성이 커지면 손익도 커집니다. 여러 가지 전략을 사용하다 보면, 결국 자신에게 가장 잘 맞는 전략을 찾을 수 있습니다. 적당한 리스크와 적당한 수익이란 사람마다 다르기 때문입니다.

실제로 같이 옵션을 배운 사람들이 모두 같은 매매 전략을 쓰더라도 비싼 옵션을 조금 운용하는 것을 선호하는 사람도 있고, 싼 옵션을 많이 운용하는 것을 선호하는 사람도 있습니다. 초반에 수익이 많이 나면 그 수익을 담보로 포지션을 늘리는 사람도 있고, 평균적으로 나오는 수익이 비슷하기 때문에 남은 기간에는 더 위험하리라고 생각하고 포지션을 줄이는 사람도 있습니다. 결국 사람마다 리스크 선호도에 따라 다른 운용을 하는 것입니다. 그러니 여러 전략을 운용하면서 스스로 편안함을 느끼는 전략을 찾아보는 것이 좋습니다.

5.
목표수익

합성옵션 투자를 할 때는 목표수익을 정할 수 있습니다. 옵션매도를 할 때는 최대이익이 정해져 있습니다. 포지션을 짤 때부터 최대이익이 몇 %인지 계산할 수 있는 것이죠.

목표수익이 낮을수록 리스크가 줄어듭니다. 가능성이 높은 비싼 옵션을 가능성이 낮은 싼 옵션으로 바꾸면 목표수익이 낮아지면서 리스크도 줄어듭니다. 또 수량을 줄이면 목표수익도 줄어들고 리스크도 줄어듭니다.

실제로 목표수익이 높은 사람들은 종종 큰 손실을 입기도 합니다. 리스크를 어느 정도 낮추고 목표수익을 어느 정도 높이는지는 운용자의 경험과 철학에 따라 달라집니다. 저는 시장상황과 전략에 따라 다르긴 하지만, 보통 한 달에 1~3% 정도의 수익을 목표로 합니다. 그 정도의 목표수익이라면 리스크를 크게 낮출 수 있기 때문입니다.

6.

합성옵션 전략 테스트

합성옵션 전략에서는 과거데이터를 이용한 테스트는 의미가 없습니다. 어떤 전략이든지 상황이 바뀌었을 때는 포지션을 바꾸게 됩니다. 처음부터 끝까지 한 가지 전략으로 사용하지 않고, 다양한 전략으로 헷지를 하기 때문에 정확한 규칙으로 테스트를 하기에는 무리가 있습니다.

저 역시 운용하는 동안 계속 전략을 바꿨습니다. 스트랭글과 스트래들을 시작으로 레이쇼, 스프레드, 콘돌, 타임스프레드 등 여러 가지 전략을 시장상황과 스스로 정한 리스크 가이드 안에서 운용했습니다.

실제로 레코드를 보면 매달 0.5~1.5% 정도의 수익이 나며 가끔 손실이 0.5~2% 정도 납니다. 이렇게 운용해서 2009년부터 지금까지 연간으로는 손실이 난 적이 없습니다. 최대로 손실 날 때가 월 4~5% 정도 수준이었습니다. 이렇게 1년에 10~11달 정도 수익을 내고 1~2달 정도 손실이 나면 연간 7~15% 정도의 수익이 납니다.

오랫동안 합성 전략으로 매매하다 보면, 전략은 시장에 따라서 계속 변하게 됩니다. 제 경험으로는 한 가지 전략을 마스터한 후에 그것을 바탕으로 다른 전략들을 유연하게 운용하는 게 리스크를 줄이는 가장 좋은 방법인 것 같습니다.

고객과의 일화

제 고객 중에 사업을 해서 큰돈을 벌고 은퇴하신 분이 있었습니다. 그분에게는 은퇴 후 그동안 모은 자산을 관리하는 게 가장 중요한 일이었습니다. 그래서 수익을 잘 낸다는 증권사 직원을 수소문해서 자산을 나눠서 맡겼고, 모니터를 보면서 자기 계좌가 어떻게 운용되고 있는지를 점검했습니다. 그렇게 자산을 분산 투자를 하면서 수익이 더 높은 직원에게 더 많은 자산을 배분하고, 수익이 낮으면 자산을 줄이는 방법으로 관리했습니다.

그러다 저에게 1억 원을 맡겼고, 저는 합성옵션 전략으로 운용했습니다. 안정적으로 수익이 나자 조금씩 투자금을 늘려갔습니다. 나중에는 수십 배로 운용할 자금을 늘렸습니다. 물론 다른 증권사에서 옮겨서 저에게 맡긴 것입니다.

옵션합성전략의 목표수익은 월 1~2% 정도였습니다. 1년에 12~20%를 목표로 운용했습니다. 꽤 오랜 기간 좋은 성적을 내다가 시장의 변동성이 낮아지면서 수익 역시 몇 달 동안 낮아졌습니다. 변동성이 낮아지면서 옵션의 가격도 낮아졌죠. 자동차보험으로 비유하자면, 몇 년 동안 사고가 계속 나지 않아서 보험료가 낮아지고, 보험회사의 수익이 낮아지는 것과 비슷한 상황이었습니다.

가격이 내려간 옵션으로 같은 수익을 내려면 거래하는 수량을 늘려야 했고, 그러면 리스크가 더 크게 발생하게 됩니다. 그래서 저는 제가 감당할 만한 수준의 리스크를 유지했고, 수익률이 한동안 낮아졌습니다.

그때 그 고객에게 연락이 왔습니다. 슬럼프에 빠진 것 같다면서 이번 달에도 수익이 1%가 넘지 않으면 돈을 다른 증권사로 옮기겠다고 했습니다. 저는 슬럼프에 빠진 것이 아니라 시장상황이 그렇다고 이야기했으나 설득에 실패했습니다.

그 당시 제가 운용하던 자산의 50%를 그 고객과 친구분이 차지했습니다. 제가 근무하던 지점에서 개인 고객 중에서 제일 큰 계좌였습니다. 그 돈이 빠지면 저한테는 무척 큰 타격이었습니다. 주변의 지인과 같이 근무하던 직원들은 그 돈이 빠지면 힘들어지기 때문에 무리를 해서 1%를 맞추라고 했습니다. 사실 어려운 일이 아니었습니다. 스프레드를 만들어서 최대손실 1%와 최대수익 1%를 만들고 수익이 나면 1%, 손실이 나도 1%를 만들 수 있었습니다.

하지만 저의 멘토였던 분은 제 주관대로 매매를 하라고 했습니다. 매매가 한 번 흔들렸다 하면 앞으로도 계속 흔들릴 것이란 이유였습니다. 저는 수익은 시장이 주는 것이지 억지로 높이게 되면 리스크는 더 크게 증가한다고 배웠습니다. 여기서 매매가 흔들리면 앞으로도 이런 일이 계속 발생할 것 같았습니다.

결국 저는 제 나름의 방식으로 0.6% 정도의 수익을 냈고, 고객은 계좌에서 돈을 전부 뺐습니다. 지점장한테는 싫은 소리를 꽤나 들었습니다. 지점에서 제일 큰 계좌에서 돈이 빠졌으니 상당히 곤란했을 것입니다.

당당하게 행동을 했지만, 시간이 지나면서 점점 후회됐습니다. 우선 자산이 크게 줄어서 월급이 줄었고, 영업은 생각보다 잘 되지 않았습니다. 처음에는 빠져나간 자산은 3~4개월이면 다른 고객이 채워줄 것이라 생각했는데, 그 뒤로 꽤 오랫동안 큰돈을 투자하는 사람은 없었습니다.

더구나 다른 고객들에게서도 수익에 불만이 생겼습니다. 계속해서 리스크가 최대한 낮은 전략을 고수했지만, 낮은 수익으로 원성을 얻어 힘들었습니다. 잠시 감당해야 하는 리스크를 바꿀까 고민했지만, 시장이 급변하면 대응하기가 어려웠기 때문에 낮은 리스크 전략을 고수할 수밖에 없었습니다.

그리고 몇 달 후 큰 폭락이 왔고, 조금의 손실로 위기를 막았습니다. 그때 '고수'라고 불리던 사람들이 수없이 쓰러졌습니다. 특히 '재야의 고수'라 불리며 수익을 잘 내던, 저와 비슷한 전략을 사용했던 사람들 중에서 수익 때문에 리스크를 키웠던 사람은 회복하기 어려운 큰 손실을 입었습니다.

수익에 대한 유혹은 이렇게 여러 가지입니다. 저는 이 경험을 통해 절대 수익을 먼저 생각하지 않게 됐습니다. 리스크와 손실을 먼저 염두하고 전략을 세우게 된 것이죠. 그 뒤 몇 번 크고 작게 전략을 조정하고 바꾸기는 했지만, 리스크와 손실을 먼저 생각했기 때문에 위기상황에서도 충분히 견뎌낼 수가 있었습니다.

전략을 짤 때는 언제나 수익보다 리스크와 손실을 먼저 생각해야 롱런할 수 있습니다.

나오며

2008년, 우리는 전에 없던 글로벌 금융위기를 경험했습니다.

2008년 9월 투자 은행 리만 브라더스의 파산으로 시작된 미국발 금융위기 때는 미국 다우지수의 버블이 꺼지면서 곤두박질쳤고, 해외 각지로 나갔던 달러가 미국으로 회수됐습니다. 그러자 세계의 많은 국가에서 달러 부족으로 환율이 급등하고 경제가 파탄이 났습니다.

당시엔 미국뿐만 아니라 전세계 모든 증시가 붕괴됐습니다. 2,000포인트가 넘었던 주가지수가 불과 1년만에 892포인트까지 반토막이 넘는 폭락을 했습니다. 1998년 외환위기 당시 주식시장은 직접 경험하지 못했지만, 2008년 금융위기는 증권사에서 하루하루 생생한 경험을 했기 때문에 아직도 그때가 생생하게 기억납니다. 폭락하는 주가지수와 쏟아지는 한숨, 공포가 극에 달했던 10월엔 모든 직원들이 출근하기를 두려워했습니다. 담보부족으로 인한 반대매매가 매일 나갔고, 주식시장이 아예 붕괴될 거란 루머마저 돌 정도로 극한의 공포에 시달렸던 순간이었습니다.

주가지수 1,500포인트가 무너지며 1,200포인트까지 내려갔을 때 이제 바닥이라고 외치던 투자자와 증권사 직원들이 많았습니다. 그러나 1,000포인트보다 아래가 됐습니다. 그제야 손절매를 해서 남은 돈이라도 건져야겠다고 생각하는 사람들이 많아졌습니다. 반등을 외치던 사람들도 바닥을 알 수가 없다며 공포에 눌려서 투매성 손절매를 하기 시작했습니다.

결국 그때가 1998년 이후로 다시 찾아온 가장 큰 기회였습니다. 바닥을 모르고 추락하던 증시가 엄청난 폭등을 기록했습니다. 2009년 1분기에 미국의 연준이 대대적인 금리인하를 통한 유동성 공급을 단행하면서 주식시장의 분위기가 급변했기 때문입니다. 세계경제가 망할 것 같이 난리였는데, 언제 그랬냐는 듯이 시장은 계속 올랐습니다. 물론 대부분의 투자자들은 주식도 펀드도 다 팔고 난 뒤였습니다.

그럼 요즘은 어떤가요.

2017년부터 미국의 대통령은 트럼프입니다. 자국의 국익보호를 최우선으로 생각하며 통상마찰이 심해질 것이 분명합니다. 금리인상이나 달러화 강세도 될 것 같습니다.

중국은 사드를 문제 삼아 우리나라를 압박하고 있고, 중국의 성장이 급격하게 둔화될 가능성도 커지고 있습니다.

우리나라는 대통령의 스캔들로 인해서 경제정책과 시스템이 제대로 돌아가지 않고 있습니다. 당연히 위기에 제대로 대응할 수 있을지 걱정하는 사람도 늘고 있습니다.

한국은행은 우리나라 경제성장률을 계속 낮추고 있습니다. 이제는 2.5%까지 낮췄습니다. 물론 2.5%보다 더 낮게 나올 수도 있습니다. 우리나라의 저성장 기조가 계속될 수도 있습니다.

이런 이유들로 많은 경제학자들이 금융위기가 다시 올 것이라고 예상하고 있습니다. 개인적으로는 금융위기라는 것 자체도 경기순환의 패턴일 뿐이라고 생각합니다. 유동성 공급으로 거품을 만들고 다시 그 거품이 꺼지는 상황이 반복되는 것이라고 생각합니다. '금융위기'는 경제의 자연스러운 순환기조의 일부분일 수도 있습니다.

그럼 지금 미국시장을 볼까요? 2008년 이후 시장 자체가 무려 4배나 올랐습니다. 아무리 미국의 경기가 좋았고, 주요기업들의 실적이 사상 최고치를 계속 갈아치운다고 해도 유동성 거품이 크게 부풀려진 상태라고 판단합니다. 또 그 유동성 거품이 꺼질 날이 얼마 남지 않았다고 판단합니다.

제가 증권사에 근무한 지 얼마 안됐던 2008년에는 대부분이 큰 손실을 봤습니다. 당시 개인적으로는 큰 기회라고 판단했지만, 이미 과한 손실을 입었었습니다. 레버리지를 일으켜서 투자한 탓에 좋은 종목을 매수하고도 버티지 못해서 큰 기회를 잡지 못한 게 지금까지도 한으로 남아있습니다.

그때의 금융위기가 투자자 대부분에게 큰 고통과 절망으로 다가왔지만, 준비된 사람들에겐 인생역전의 기회였습니다. 본질가치보다 훨씬 더 빠진 종목들이 수두룩했기에 인내심을 가지고 현금을 보유하며 기회를 노리던 선수들은 십 년 만에 찾아온 큰 기회를 잡을 수 있었습니다.

그 당시 큰돈을 번 사람들의 특징은 리스크 관리가 철저했다는 공통점이 있습니다. 성공한 투자자는 손익의 변동성이 낮은 투자, 절대수익을 추구하는 전략으로 투자하고 있었습니다.

그때 우리는 "다시 위기가 온다면 이번에는 기회를 꼭 잡자!"고 다짐을 했습니다. 이제 우리는, 투자에 발을 담그고 있으면서도 기회를 잡을 수 있는 방법을 찾아냈습니다. 손익의 변동성을 줄이고, 시장이 폭락해도 자산을 지킬 수 있으며, 기회를 잡을 수 있는 방법을 찾아냈습니다. 수많은 시뮬레이션을 해보면서 확신하게 됐습니다.

이 책을 읽으신 모든 분들도 손익의 변동성을 줄여서 가까운 미래에 닥칠 금융위기를 기회로 만드시길 기원합니다.

최우혁 올림

쉽고 편안하게 고수익 내는
퀀트 & 커버드 콜 전략

초판 1쇄 2017년 3월 31일

지은이 조재상·최우혁
펴낸이 전호림
기획·제작 (주)두드림미디어
마게팅·홍보 강동균 박태규 김혜원

펴낸곳 매경출판(주)
등 록 2003년 4월 24일 (No. 2-3759)
주 소 (04557) 서울시 중구 충무로 2(필동1가) 매일경제 별관 2층 매경출판(주)
홈페이지 www.mkbook.co.kr **페이스북** facebook.com/maekyung1
전 화 02)333-3577(내용문의 및 상담) 02)2000-2636(마케팅)
팩 스 02)2000-2609 **이메일** dodreamedia@naver.com
인쇄·제본 (주)M-print 031)8071-0961
ISBN 979-11-5542-635-7(03320)

책값은 뒤표지에 있습니다.
파본은 구입하신 서점에서 교환해 드립니다.